随水而来

SUI SHUI ER LAI

西篱 著

华南理工大学出版社
SOUTH CHINA UNIVERSITY OF TECHNOLOGY PRESS
·广州·

图书在版编目（CIP）数据

随水而来 / 西篱著. —广州：华南理工大学出版社，2022.10
 ISBN 978-7-5623-7110-6

Ⅰ. ①随…　Ⅱ. ①西…　Ⅲ. ①诗集–中国–当代　Ⅳ. ①I227

中国版本图书馆CIP数据核字（2022）第132491号

随水而来
西篱　著

出 版 人：柯　宁
出版发行：华南理工大学出版社
（广州五山华南理工大学17号楼，邮编510640）
http://hg.cb.scut.edu.cn　E-mail: scutc13@scut.edu.cn
营销部电话：020-87113487　87111048（传真）

责任编辑：王　磊
责任校对：李秋云
印 刷 者：广州市人杰彩印厂
开　　本：850mm×1168mm　1/32　印张：7　字数：158千
版　　次：2022年10月第1版
印　　次：2022年10月第1次印刷
定　　价：48.00元

版权所有　盗版必究　印装差错　负责调换

作者简介

  西篱　本名周西篱。居广州。文学创作一级作家。中国作家协会会员,中国传记文学学会常务理事。

  1990年出版第一部诗集《谁在窗外》。著有散文、诗歌、长篇小说,包括《迷惘的女性》《造梦女人》《昼的紫夜的白》《东方极限主义或皮鞋尖尖》《雪袍子》等十几部作品。

  获首届金筑文艺奖、第四届和第五届中国传记文学优秀作品奖、贵州少数民族影视文学优秀剧本奖等。

自序

　　人生多有变故,我却一直活在自己的感觉里。

　　文字将我从深渊领出,又带入深渊。我凝视世界的辽阔庞大丰富并永久沉思。

　　活着就是感受。对写作者,写作是其存在的方式。爱,存在,人性与情感的真实与虚幻,迷惘与魅惑,不可知的未来与宿命,都成为我诗歌的命题。

　　现实一再强调,为爱而写的诗,通通不能交付,诗最好的处所,仍是我们的心灵。

　　所有真实其实都是难以证实的,尤其是在人们过着多重生活的当下。

　　而我,能为其证实并给予保护,使之接近神圣。

　　所以,诗是我精神的历程,是我的全部秘密。所有我经历过、意识到和感受到却不能表达的东西,得以在此说出。

　　生命的某个阶段,我将葡萄牙诗人费尔南多·佩索阿引为知己。他曾提醒,没有人是用诗语来交谈的。

　　而我却是那个要求用诗语交流的人。

随
水而来

  这令我在大部分时间、在人群之中不得不选择缄默。或许，这是孤独的又一个渊薮。

  我依然信任梦和直觉，听任心灵世界的文字弥漫和旋律交响，珍视这些零落的诗句，毫无保留地展陈它们，内心充满感激。因为它们，我拥有完整稳定的自我，直到现在。

  致敬不朽的时间和无尽的流水。

  空言絮语，犹为序。

壬寅年秋·广州

目录

◆ 第一季

光 / 3

原野上的树 / 5

雨中的脸孔 / 8

稻草人 / 9

夜的海 / 10

海的梦 / 11

欣赏美而不占有它 / 12

抚摸这种音乐 / 13

听这初秋的细雨 / 14

如水的阳光 / 16

祭奠 / 17

因为如此敏感 / 18

今晚的你（一）/ 19

今晚的你（二）/ 21

今晚的你（三）/ 22

今晚的你（四）/ 23

从这个角度望你 / 24

你的背影 / 25

随水而来

某种时候 / 26

雨夜舞会 / 28

人们那样注视着我 / 30

无题 / 32

屋子里再不会有人来了 / 34

乡村夜 / 36

元月十一日 / 37

青春断章 / 38

◆ 第二季

一朵玫瑰 / 43

鸽子 / 45

午时的花 / 46

作为最后的见证 / 47

但是我爱　你的声音　那些细节 / 48

水 / 49

所有的路皆被梦幻照亮 / 59

五月十三日 / 60

五月十六日 / 61

梦歌十七 / 62

目 录

梦歌二十九 / 63
萨克斯的梦歌 / 65
听啊 那零落的梦呓 / 66
雨的夜歌 / 67
仲夏夜 / 72
别让火焰熄灭 / 73
昨天和明天拥抱一起 / 75
随水而来 / 78

◆ 第三季

浪漫的日子 / 101
一日 / 102
梦幻者的黄昏 / 103
将我领进这阳光灿烂的午后 / 104
我的心在秋季醒来 / 105
我守在那一片金色之中 / 107
七月雨 / 108
暮色如同回忆 / 109
世界如此辽阔庞大丰富而我一无所有 / 111
红色 光 / 113

探戈舞者 / 115

麦克和他身旁的女子 / 116

喜悦的神情 / 118

旋梯 / 119

在一种过程当中 / 120

雨从傍晚直下到天明 / 121

子弹射向我 / 123

是怎样的一把刀子插进我的心 / 125

你 / 127

逛吃 / 131

怀念花溪 / 133

父亲 / 135

◆ 第四季

我常看见一只鸽子 / 141

寻找那一切我所向往的美 / 142

把辫子剪掉 / 143

蜡烛就要灭了 / 144

风翻越一个又一个世纪 / 145

寻找一个藏族孩子 / 147

目 录

太阳雪　玉树殇 / 150

温柔的沉默 / 157

梦歌 / 167

傍晚从午时开始 / 169

镜像与眷恋 / 171

我爱的人　你要耐心 / 172

自己按门铃自己听 / 174

他 / 176

我要起来　游行城中 / 177

零点就要来临 / 179

雨水击打灵魂 / 181

偶然与永恒的续约 / 182

河岸 / 183

风来了风吹拂我的脸颊 / 184

葡萄酒的美丽 / 185

你的身体 / 186

矢车菊 / 187

音乐正将我引走 / 188

创造奇迹 / 189

深夜的雨声 / 190

我以我的生命向你敞开 / 191

西篱的童话 / 192

那些雨后的屋顶 / 193
旧日与今日 / 194
在爱情上没有什么公正 / 195
我每日等待 / 196
月圆了 / 197

附录　忧郁之水和梦幻之镜——与西篱的诗谈玄
　　　　张建建 / 199

第一季

天地间把所有最美丽的
造就得孤独
我们的心　沉静或是冲动
都用另外的方式来倾诉

光

黄昏　白羽毛的鸟
自向西的窗　涌进
悄悄　莅临人群
在地板涂银
在白墙描金
在一杯水里
漾出钻石的欢欣

有人絮语　有人聆听
记忆的微笑
灵魂的眼神……

片刻　又片刻
片刻之后
鸟儿听见　远方的呼唤
鸟群忙碌　翅膀把黑夜
从大海煽动到山顶
收束尾翼　原路退回
带走钻石、金和银

随水而来

头颅优美地扭转　眨眨眼睛
我心领神会①

我也一样　来过
将很快离开
光一样轻盈……

① 存在,蕴含不可思议的神秘性。

原野上的树

原野上的树不知身居何处
亲爱的
请把那第一次约会的草地指给我

四面八方的风都吹到原野上去了
亲爱的
你的第一句话
是怎样来到我的心上？

找不到路了还是要奔跑
亲爱的
原野上的树寂寞又明亮！①

---
① 如果树还在，你就不会忘记那原野。

随水而来

黄昏

车啊　切开暮色
这诱人的点心
山与山之巅
一朵巨型的花
慢慢收拢它
蓝色的花瓣
我们这些乘车的人
正缓缓地摇动
它弧型的长茎①

枕着包袱或发辫
有人睡了
——乡间女郎
她小麦色的脸庞
溢出芳香……

① 云贵高原，向西。

翻过那座山

翻过那座山
再翻过那座山
爱人啊　我是否离你近些了?

我曾受着这阳光的宠爱
这遍野的阳光
爱人啊　它能否证明我的纯洁? ①

在这条道上我们有一个朋友
在那条道上我们也有一个朋友
爱人啊　我能否与他同步? ②

爱人啊　你既对我视而不见
又何必如此沉默!

---

①② 除了爱,还会有什么令我既脆弱又忐忑?

随
水而来

雨中的脸孔

雨中的脸孔
昨日的梦
抬起头时落叶纷纷而下
低下头时水滴将我淹没

褐色孤寂的秋
从这条大街到那条大街
那些溅满泥泞的鞋　往来不绝
然而这个世界无情地戏谑
转过身　就将他们全部遗忘①

在紫色的伞下冥思
在湿润的内心驻足
有些忧伤　但必须忍住
像一只鸽子一样

---

① 贵阳记忆，多雨。

第一季

稻草人

稻草人在哪儿啊?
稻草人
我要与你再见了!

那一片香香的田土
留给你了
除了你
谁更有权利
拥有果实累累的领地? ①

稻草人在哪儿啊?
我将乘什么样的车?
我的马儿
已经疲惫
领我走的人昂首挺胸
道路发亮
远远地发亮……

---

① 倏忽人间,少年已经无比地遥远。

随水而来

夜的海

亲爱的
在这淡蓝色的夜晚
我静如潮水
狂如潮水
期待你……

风吹过之后
我如月亮一样单薄
一样颤抖着
步履踉跄
走向海面
听见远方的音乐
在梳理我的头发
心开始变得温驯
我的脸和我的肩
和我赤裸的身体
开始冰凉下去
生命因等待而衰竭
而轻细如风
疲乏如海上的泡沫
即将消逝……

海的梦

梦的浮力
游动的地方
水草们欢悦
海星子们歌唱
远处的灯
向往的地方
至真至纯
不可企及

在我来了之后
在他来了之后
在你来了之后
脚踝的感觉
被沙滩分享
灵的光
光的眼
眼的梦

随
水而来

欣赏美而不占有它

凡事的来由
无法让谁作主
在你心里做客
或在你屋里做客
她都一样地　沉默

冬天我们拥有一种幻觉
欣赏美
而不占有它
美因此丰富地存在①

找个郊外的朋友
一块儿去看望
那种安宁　和淳朴
正慢慢地
让我们的什么　活过来

---

① 有些情景或情绪，无人意识到，但它却在你眼里心里突然出现了。

抚摸这种音乐

抚摩这种音乐
你的头发在我手中
发出纯洁的声音
如同秋天的稻草
——那甜蜜的黄金

我爱　将你锁于一只黄铜挂钟
在那儿　时间与我
一同匍伏在地
你　我灵魂的王君[①]
高高在上
我的喜怒哀乐
由你指令

我手指如流
那五月里的钟情　渐渐复苏
这种音乐　这另一个你
更为温柔、纯净
永远深入我的内心

---

① 音乐虚幻吗？不，音乐是他。

随水而来

听这初秋的细雨

听这初秋的细雨
就听见了故乡
父亲的皮鞋在泥泞中踏响
我们守着一扇窗户
守一天白花花的雨水在旷野上跳动

马车来了又去了
始终翻不过那座山冈
顶木盆的女人缓缓移动
湿淋淋的长裙
紧裹她柔韧起伏的身躯
她去了那条小路就消失了

午后半透明的雨幕
直挂到屋檐下
有几个孩子睡了
有几个孩子喃喃自语

父亲回来了吗?
黄昏披着满头花白的雨丝去了
父亲回来了吗?

第一季

旷野在雨的打击下倾斜
直向深谷斜坠
夜就从那儿
窸窸窣窣地来了……

随
水而来

如水的阳光

如水的阳光　只有我
熟谙你的移动

又一个平凡的早晨
忧伤涂满眼前的世界
远处高楼的窗户尽数打开
渴望如此安宁
闭上双目　我的身影
伫立于空白之中

你流过我所有的时光
在洁净的路上　树叶彼此告别
它们是一千个神秘的安慰
令我忘却伤痛

向内　再看看自己
她仿佛并不曾经历什么
含泪仰面向你
如水的阳光……①

---

① 时间带走一切，唯愿面孔新鲜。

祭奠

寻找一张纸
那种褪掉了洁白的纸
在它之下
时间的暗河
正张着吸吮的嘴
吞掉油彩的鲜丽

我知道
我要画无数红色的唇
作为周年的祭奠
它们会让我称心如意
亦让你躲避不及

而我那秋雨一般的心呢?
是否正为初始时的勇气
夜色中黄金般闪耀的激情
以及将一生投于一瞬的献身
温柔地轻轻啜泣? ①

---

① 激情由着它自己,它只为它的对象献身。

因为如此敏感

因为如此敏感
我不能走向你们中间
阴谋的笑意正编织成花环
酒杯和桂冠
也轮番更换
　凡是秘密
　我皆有所觉

但是　孤独
这沉默的恶魔
自童年时候
就不曾离我更远
哪怕心中暗藏恐惧
面孔扮得木然
它亦如尖利的哨音
将我揭穿
注定我不能以俗世的目的去爱
注定我衣服里的皮肤、皮肤里的血
是孤独的声音和颜色

今晚的你(一)

一

蓝色的风
在它之上
你的身姿和面容
璨然如梦
瞬时与永恒
悄然无语
悄然无语

跟随你的舞步
进入温柔的深处
踏掉最后的音符
人群飘散游移

时针与分针
自行车与八月的高跟鞋
回到各自的定位

随水而来

二

最最温柔的姿态
手臂划出的声音
如酒的倾泻
萨克斯管的形状
为旋律造就
忧郁与倾诉
某一种光彩
仍在渡你

这一片空寂
不可探寻
房间的中央
头手低垂

遥远的可触可感的猩红色
无边的柔若虚雾的猩红色

今晚的你(二)

你的衣服是一种伤心的色彩
在夜空里忽隐忽现
某一段时间如同结冰的湖面
令这沉默的相聚更加沉默

分离太久
憔悴已经留给季节
爱到深处
便失却了语言
亲爱的　今晚的我一无所有
梦与祈求
仍在秋天里跋涉

今晚的你（三）

如此遥远、遥远、遥远
《一切为了你》①
亲爱的
今晚的你　无人知晓
是美妙的独白

一种颤栗直达深夜
那些栅栏冰冷、冰冷
护你于光的明暗之中
手指的移动
掀起阵阵微风
而我依然　在它之外……

---

① 《一切为了你》，萨克斯名曲。

今晚的你（四）

我要怎样　才能给你安慰
一种　柔情的寻回？
谁的手能将这不属于我们的时光
抹去
就让我
以我的所有相抵……

噢　请父亲和母亲
在每一道街口
燃上篝火
温暖你我的分离①

---
① 那时候我们忧郁、木讷、语拙，并渴望得到祝福。

随
水而来

从这个角度望你

从这个角度望你
是那惠的风羞怯的指向

时光静止　如此完美
所有声音消逝无痕
轻盈的默契滋润整个夏季

影子们悄悄发绿
我将从眉梢找出你的笑意
也悄悄伸出一只手臂
一只手臂在腰间闪光

等雨的眼睛如此神奇
但我以睫毛覆盖了你

你的背影

你的背影
是另一种美
石头布满了道路
石头之后
是洁净的台阶
石头的每一面
都有一个念头占据
爱人的智慧
被阳光照亮
正如朝圣者追逐你的足跟

这道路有坦荡荡的弧度
传统的缄默千古不朽
它只为少数的人熟悉——
当他们憩息于路旁
当我们缓缓走过的时候……①

---

① 瞬间和永远，某种时候奇妙地共同呈现。

随水而来

某种时候

一

我所需要的
是世上独一无二的东西
并非珠宝
亦不是华服美食
正如我　以自己的一生
承受了这世间的一切
唯独不能接受仇恨

某种时候
我疲惫　再也抬不起头
目光渺茫
坐在大街东头的石阶上
微笑
遗忘
和死一样美丽①

---

① 当死亡只意味着结束、终止、固定时，它是美丽的。

二

无论回忆　或是追叙
一旦倾诉
只会遭到鄙夷
数一数花瓣
花是假的　还是我们的心
是假的?

陌生的姑娘
穿着上一个季节的衣裙
粗鲁地
讲着乡村俚语
只因为　她找错了人
于是有人
不住地打主意

随水而来

雨夜舞会

跳啊跳啊　我们来消磨这个夜晚
旋转的裙子只有一两只
这倒是最大的遗憾

请鼓掌吧　请鼓掌
你们手心里是否有茧花
下一曲将令坐着的人腿软
还不如张着嘴嘶喊

凡是有所打算的人都已离去
小雨也下了一整天
那傍晚裹了风衣　步履轻悄的人
他在哪里谈天？

不要炫耀你的胡须
无论如何　它也不如旋转的双肩优美

瞧　他们的舞姿多么自在
"世界文化"的精髓挥发弥漫
有女士对舞就像戴上了王冠
你走好再把足跟垫一垫

第一季

不要再想你的心上人
不要以为他会在哪儿独坐

跳啊跳啊　无需沉默寡言
我们来消磨这个夜晚!

随
水而来

人们那样注视着我

人们那样注视着我
在社交场的这厢
以某种仪态作为前提
估计年轻女性的姿色

有人希望看见你忧郁
因他心中准备好了怜惜
还有一个玩笑正在酝酿
你千万不要转过身来

他们拥有这一切
——这种通俗的旋律
和一个甘心伺人以笑的"喜剧表演家"
而我只有一杯酒
虽然连酒杯也是他们的

有人对大伙儿说:"她真可爱……"
为这句日常用语
我再一次微笑
微笑是最纤巧的手
能把伤痕和面具一起揭开

伤口已经冷却
疼痛成为一种准则
在我后半生的时光里
还有什么不能消遣
但是——消遣
我不是为这个而来的 ①

---

① 你一直在抵抗什么呢？你柔弱却无比固执，你孤独却不求助，你又生涩而无知。

无题

阳光照在我的脸上
你看不看得见我的脸？
这如金的射线来自何方
太阳向西移动的时候
我的窗户　是移向北　或南？

午后的时间
一定要留在自己的家里
不管你身在何处
一定要赶回　安安静静地
端坐于这张桌前
然后这一天才可以继续
无论那各种各样的手
也拿不掉我们的梦幻

每天每天和手机对话
明知它空无所有
却继续在那儿储存语言
像这样就回到了人世间
再读上一封信
一封千篇一律的信
来自遥远　永不中断

总想找到最好的方式
到头来却发现　所有准备了的
皆是谎言　我了解
你们的预谋　并与你们同享
这人生的盛宴
我貌似痴愚　瞧　猩红色的酒滴
悬挂于你的唇边

选取最利于自己的游戏
让我所有的谬误　像时令鲜果
供奉于假笑的你
看你尽己所需　狼吞虎咽
反刍之后　再向众人分配
唉　对众人如此满足和快意
我由衷赞美！

随
水而来

屋子里再不会有人来了

屋子里再不会有人来了
雪已经下过　天色已晚
远处的小木屋模糊一片

一切都是意外　就像昨日的心愿
总在今日烟消云散

但我还坚守如初
如一堆雪野上的篝火
映红了少年们的脸
我十指纤纤　在尘埃里淘洗
一张往事的照片
一根锈蚀的琴弦

屋子里再不会有人来了
帕斯捷尔纳克[①]
因为只剩下你的声音
剩下一种忧郁凝重的目光

---

① 正是那个时候，我读到了帕斯捷尔纳克的诗：《屋子里再不会有人来了》。

第一季

而我　是屋子里的某一角
一株淡金色的植物

屋子里再不会有人来了
过去的世纪　我守这个窗户　忠心耿耿
青春因为不曾昭示
蕴藏了无尽的光彩
但是　帕斯捷尔纳克
连询问也没有　就在我低下头的时候
一切沦陷为铺天盖地而来的黑夜

随水而来

乡村夜

那唯一的灯光
也许正是一个痛苦的人
在疾病中挣扎
或许是母亲
将带给沉默的大地
又一个生命
我们轻轻走去
鹳鸟已消逝在屋脊后①
静寂的街巷
闪烁在奇异的月光里

---

① 据北欧民间传说,孩子是鹳鸟送来的。

元月十一日

已经有一场雨
在昨夜里尽情地笑过
天晴了
我的孩子睁开眼睛
黎明的树上歇满喜鹊

用我柔软的手指吻他
一盏远处的灯
轻轻唱出生命的歌
大片的野花走出了森林
在风中摇曳
世界转动双肩
映照他心灵的微笑

青春断章

一

……那些已经过去了的
爱　和忧郁
让我揭开覆盖着你们的翅膀

二

爱情并不是全部的光辉
在少女沉思和渴想的时候
缠绵童话总使青春默默消亡

三

鸽子它衔走了清晨的第一行诗
遥远遥远的黎明里
是否还有你羸弱的背影

四

那个蓝色细雨的夜晚
世界只留下了我和你

不再羞怯和发颤
忘记了梦和故乡
也许你就是梦　和故乡

五

树在千年的土地上也要长绿千年
如果你倒下了
我便是湿淋淋的草地
埋葬、生长每一粒珠泪
每一缕晨光

六

天地间　把所有最美丽的
造就得孤独
我们的心　沉静或是冲动
都用另外的方式来倾诉

七

祖先们在哪里？
古老的时钟依然把木弓琴弦拨动
尘埃在阳光里飞舞如蜂
岁月　也是这样

随
水而来

来歌咏少女的爱情吗？
当她成为祖母的时候
世界依然　流水依然？

八

风永远永远地疏松　那片初恋的土地
忘了我吧
在你要去的地方
天空永远年轻　如果
孩子们都懂得人类的故事　和幻想

九

我在清晨穿过大街
在那里　人们步履匆匆
等等　伙伴　我们
往前　不管去到什么地方

十

季节已经深沉
田野上过了蓝花摇曳的时候
田野上美丽的歌声回荡……

第二季

水里的自由

岸上的惆怅

如果不是迷惘

你怎会让我如此着迷

靠这样的幻象决定前途

是我前半生里

不断重复的错误

但是我多么年青

微笑着进入陷阱

从不曾犹豫

也羞于索取

一朵玫瑰

目光偏远
那个硕大的房间
光影昼夜变幻
她赤足地来往
望一切有形
触一切无形①

青春与衰颓　爱与恨
或无垠的相思
时间停止　和谐为
一朵玫瑰的形状

褪掉紧身胸衣
束发丝带
一枚钻戒
以及风对腰部的猜测

一朵玫瑰的温柔与惆怅
享受岑寂与空旷

---

① 女性的存在呈现为自然的状态，也是美的状态。

随
水而来

亦将我之芳香
愉悦无声　散布其中……

鸽子

我望着我的灵魂
在某一日的边上
默默地
等候夜的来临

如一只鸽子
抬起头来
挣不脱黑夜的重负①

或许
对街道反复张望
找一个渴望问候的人

---
① 它沉默轻盈,它的语音单调而深邃。它,就是我自己。

随
水而来

午时的花

午时的花啊
她那丝丝的血色
她那温润的橙红
又一次地绽放

忽近忽远的光滑的肩
如寂夜乳黄的灯
你那童贞如水的心
是否被它照亮?

噢　让我俯向你
聆听
密林深处
那神秘的喧响
一只　或两只小鹿
已为我们铺展开
月光的眠床……

作为最后的见证

告诉我
作为最后的见证
你们要求什么?

我能够
面对自然和艺术①
展览一生
却无法
对世人作出任何解释②

听啊
这雨声
它从天上来到人间
反被践踏入泥
听啊　这雨声
它深夜里与我们交心
如我最爱的书

---

① 我早早地将自己托付给了它们。
② 第一季《因为如此敏感》。

随
水而来

但是我爱
你的声音　那些细节

乘上这车
我们要到哪儿去啊？①

那温暖的灯光
那迷茫的灯光
它们将我的忧伤
渐渐充实

如今这个早晨已经开始
车们来来往往
不再神秘
它的颜色
亦如某日的脸

但是我爱
你的声音　那些细节
操纵我的梦想②

①② 爱接近虚无，恋爱几乎等同于迷途。但是，我的魂灵为它铸就。

水

一

亲爱的　请留住你的名字[①]
请留住
一种暗地里的沉思
头发已经剪短
阳光提前来到
锈蚀的铁钉
抓住某种认同的法则

当我的眼帘缓缓上升
在褪色的窗帘之后
一张绯红的脸孔渐渐远离
所有的摆设
强调两张红色纸片
单纯的笑意四处飘散
错误　虚无　抽屉的最深处
纸片们安然等待……

---

① 人生的某个阶段,你孤立无援。今日想来,仍不明白怎么去了那忧伤之地,又是如何离开。

随
水而来

二

屋顶的纸张已经发黄
轻脆的爆响　不时
为眼睛裂开一条缝
女人步态羞怯　春天
一张床占据了整个房间
所有为壁灯而述说的词句
因贫血而零落
黎明很暗　很凉
婴儿的眼睛很亮
这又注定了什么？

常有幽光
将白日布置成夜晚　如水
梦幻连绵……童年
路多么洁净啊
野狼　在远处
一时善良无比

我们的心房永远无人居住
光的过程　水的过程
脸色灰暗

三

真实与真实在互相比较
疲惫　青春
再次满怀憧憬
童贞　水　花朵
陶罐的碎片……

一旦跨过夜晚　灾难就会降临
沉默或催促
皆无去处
我在街边站立太久
总有一片梧桐叶知道　并且掉下
心的至高点　暗伤
暮色迟迟不来……

把雨作为知己
一天之中无数次地
你的面容在它的幻境中展开

随
水而来

四

细节　细节　细节
在不同的人的口里
有不同的滋味
无论作怎样的挑选　准备
一旦吐出
你我便开始粉碎

某一日的午后谈论命运
面对父亲一般安宁的心海
突然涨水

这条黑布蒙蔽了双目
小丑们来来往往
赤裸着手臂制造风流
雨水淅沥
六月里　气候和人一道反复
木乃伊

五

黑夜如此令人向往
温柔与真情
只留在这样的时候

那灯光里的住所有没有鸟儿穿过
鸟儿　也如同音乐
在我们不断选择的日子里
总是提前消逝　不可寻找

在夜晚感觉我的身体
感觉它缓缓舒展
在半轮白色的光里
因为看不清你的脸
我的手指异常灵敏
如同小巧的伞柄
寻找　一种本质
梦　与温柔……

六

闪电
在天边　丛林之后
一片扇形
它的呼唤如水的呼唤　不可抗拒
月亮充分准备
被一朵云吞掉　变形
巨型的船

随
水而来

愿望之不可及
在起航之际烟消云散

白色小巧的皮鞋
深陷于黑森林的泥土
时至今日
没有天空
爱人的面容却自天而降
那是我的爱人吗?

我的爱人是一朵微红的火焰
我的心在夜里
被激情甜蜜地灼痛
而他白日的冷峻
亦令我彻骨寒冷

七

在零点钟的时候听一种声音
于千里之外
柔波起伏
趋向那千古不朽的晒台
城市的某一处桥栏
也曾十分温暖

长久地等待灯火辉煌的远处
一个我们终生渴望的身影
准时出现
而今夜
所有的时钟
怪异地沉默
那桥栏
亦将在我的梦境里
沉湎千年……

走近这无边无际的池塘
水在无底的底部
青蛙依次跳水
它们的叫声里总藏有自己的灵魂

八

看星星　永远落入俗套
而你不能容忍

爱　两手相握
自你的头发开始
白天或者夜晚
总有一声脆响

随
水而来

令我如此慌张
而那一缕血脉突突作响

流水的声音轻悄而不断
是孩子粉色的双足
自一张洁白柔软的纸
走来了　在手心里
安慰
瞧这些夜来香们！

九

远处仍然有一盏灯
多年以前　它就忠实而小心地
爱护着我的身影

我甚至又找到了那张椅子
它洁净凛然
冬青花末从细软的蛛网间滑落
整日整日地　这石椅
让我们的心感到多么可靠　安宁

死亡
常在风的声音和阳光的声音里

吟唱
每一句　都芬芳而甘美

然后是连绵不断的雨
寻找创伤而来
双脚裸着
心却包裹得很紧
为了一种温柔和赦免
我等待至今……

像这样
再次一无所想

所有色彩
是你亲手涂上又亲手抹去
那些荷叶参参差差多么茂盛
陌生的房间里
是什么苍白而冰冷？

低下头
林间的阳光金黄金黄地
移至背脊之上

随
水而来

爱人　和一堆松软的草
在那边等我……

噢　水们漫过街道
然后毫无动静
石头爆裂的声音
将在明天响起
无论如何
我也得跨过这水……

第二季

所有的路皆被梦幻照亮

雨停了之后
将所有的屋子打扫干净
干净如同我的皮肤
然后我们一块儿呼吸
一同沐浴这梦幻的时光

窗外的绿树丛中
有蓝色淡淡的烟雾飘荡
那时停时飞的小鸟
正悄悄潜来
把我们的信息带回天上①

闭上眼睛
佯装入眠
直到又一阵雨后
所有的路皆被梦幻照亮
爱人惦念我的小屋
带着他秘密的心灵前往

---

① 上天……似乎每个人都需要她的存在,与她的沟通令他们解除了无法与人沟通带来的不安。

随
水而来

五月十三日

异乡　最好的安排
我们谁先走进
这个日子?

因为远离
我看你的时候
先看穿了我的身体
但无论怎样的挣扎
也看不穿
那个黄昏的魔力

而你是先去了
背脊　最惨淡的屏幕
沉默　退却　抛弃
谁也不能
偷看你鲜美的表情①

---

① 恋人之间的沉默,并非秘密造就的隐喻。

五月十六日

我们终生追求
在人群里行走时
那表面的平静

让我出去!

那幻想
已经牢牢地
将我的居处占据
雨不停地下
为紧张添油加水

听
古老的声音
在寻求呼应
语言　永恒的流水
又在偷偷地
出卖谁①

---

① 我在"我"的地狱,唯有语言长在。

梦歌十七

数不清的天花板
粉蓝粉蓝

略略泛青的脖颈
无声无息的天鹅
夜之海上翅膀仍在旋转

等待　死了时间
何处街车在响
禁不住闹钟清理财产

从早到晚
或从零到一千

逃不出去
望不到远处
日影物影是最柔韧的圆圈

梦歌二十九

一节复一节的车厢
颠簸大群大群迟钝的目光
那是我的孩子
他在位置与位置之间跳跃
满天满天的星辰啊
为什么如此摇曳不定啊?

想起来我们顺着门的边缘
溜下去、溜下去
劲草丛中
祖先开辟的道路正在发胀
似历尽沧桑的双唇
含住一个神秘的预想
满天满天的云啊
为什么如此飘浮不定啊?

忘了那是谁赠送的气球
正由天而降
落在儿子手里
它无数次变成玩偶
变成橡皮娃粉红鲜亮

随
水而来

父亲说来呵来呵
跟我去海上看天象

萨克斯的梦歌

有一种音乐
无论何时何地
那温情的恶魔
悄悄地
总把我找到
迫使我
签下
永恒的契约

噢
这种音乐
这萨克斯的梦歌
忧伤而圣洁
缈缈而来
爱抚着
然后吞噬
我世纪末的时代

随水而来

听啊 那零落的梦呓

那零落的梦呓
断断续续的言语
以及
水之底部的喧嚣

那都是我的声音
它早早地
抛弃与你无异的身躯

听啊 那微笑的自言自语
不要求你的回答
却等待你的响应

雨的夜歌

一

这无穷无尽辉煌灿烂的雨呵
昨天夜里你哭过了吗
撕心裂肺的嚎啕不曾红了你的眼睛
天地间一阵阵抽搐一阵阵光明
有谁目睹了你绚丽的身姿
在古老沉睡的城市上空降临
路灯卑微地退进树丛
无数次垂下眼帘向你表示恭敬
这喧哗的雨夜一定发生了什么
一定

二

呵
卖蟋蟀的农人
在哪儿点亮你的烟火
千只小笼中的虫儿
还是那般沉醉地歌吟

随水而来

三

那是一个金发的婴儿
威武雄壮　砰然诞生
世界在这一瞬间为之寂静
黑暗　这不死的妇人
呵起了风
田野的光芒皆来自她绿色的眼睛
她的手指有形无形
她的裙裾有形无形
她在黑云后面装扮好了最善良的微笑
扭动长长的腰肢
欢快一跃
立在了青色屋顶
呵　夜是这样混沌啊
强烈的红酒不断淌进它的喉咙
它哈哈大笑
握着胡须把一切放行
黑色的精灵已经来到小院墙外
睁开一千只眼睛
即刻有一株小树在惊恐中死去
而她　如风挤进壁缝
然后扭捏成可爱羞涩的姑娘

举起小拳　轻轻　敲门
轻轻敲门

四

我的孩子啊　你快睡吧
快快裹紧被子闭上眼睛
明天我将带你走遍城市
宽阔的街道分出枝枝桠桠的小径
就在那城墙拐角处
卖蟋蟀的农人眯着眼
炫耀他的田野　他夏秋时节的精灵
一个人买了来安慰自己
又一个买来愉悦他人
城里人都在这浩瀚的鸣唱里发了呆
雨啊　雨呵　这雨缠缠绵绵无穷无尽

五

如果要去　你就跟了他去
如果要走　你就变了蟋蟀一路歌吟
你从何而来　雨从何而来　泥土从何而来
蟋蟀从何而来　我们从何而来
谁是泥土做成的　谁是雨水喂大成人

六

呵　你金发的幼婴
母亲为你痛楚　天空为你疑惑
黑夜为你煽动如火的魔心
雨一丝丝地飘下来了
雨似纯真的女孩欢喜地抱你来了
青苔覆盖湿黑的窗棂
说长道短的人们
争抢着雨伞　裤头湿淋淋的
他们严肃起来
回到里屋仔细数奖金
呵　城市为什么不在雨中飘然而去
古老的人为什么不唱起歌来
——他们的墓碑
给雨洗刷着　洁净而又生硬

七

是谁在宇宙中挥动长鞭
粉碎了那雄伟透明金字塔的晶莹
暴雨倾盆而下
熟睡的人们

一样的尖嘴蚊吮吸着他们各种各样的
血液和美梦
在汗热的气息里发出满意的呻吟
哦哦
雨来了　这世界变得清新
万物呼吸的空气芳香又纯净

哦哦
我在最深沉的夜里降临
因为从未享受过美满
我揣着的便是一颗如此容易受伤的心
并且专注地寻找所有的言语音响
和每种手势后面的温情
像这大地一样勤劳忧郁又满怀了希望
清洗着世界
走进每一个等待爱的灵魂……[①]

[①] 我一直想向自己解释，我是怎么来到这里、来做什么的。

随 水而来

仲夏夜

在一种光里
巨大的明月衔住了我的身躯
回望来路
蓝色的梦顺流而下
丝绸的声音轻细
流过如茎的手臂

一株树上
眼睛们纷纷关闭
有谁悄然而至
紫色飘渺的歌声
透过了卷曲的披发
向夜的深处而去

那忧郁的火焰啊
如今像水一样
抹拭着明月的额际

别让火焰熄灭

火焰——你的
别让它　熄……灭……
请备下　一滴油　一缕棉
以及　蓝色的石头
请重复我的名字
给它引路
告诉它　我的所在

让那小小的火苗
住到我心里来
我呼吸的氧　血液、皮肤
不同的温度　造就黄色和蓝色
跳动并上升的　红……
火苗相依相偎　此起彼伏
沉默早被渗透
尚有无法停止的　冬天

眸子里的光
在灵魂的步伐之前
在被遗忘的瞬间
梦的镜子打开　两面

随
水而来

绽放相似的花瓣
我翩翩起舞　在火与花之间
霓裳缀满铃铛
孤独阵阵摇响
心房空……旷……
成千上万的　火光
照亮梦乡——
一张初生的小脸

昨天和明天拥抱一起

多么庆幸　这个时辰
昨天和明天拥抱在一起
时间　被野鸟的羽毛拖曳
在它清扫过的空气里
九里香张开小小的嘴
发出嗤嗤的声音
附近某栋房屋　黑暗里
鼾声起伏　人类沉没
和唾液一样咸的海水
浮游　带情绪的鱼

远处　奔涌的江流
也在庆幸
这个敞开的时辰
失望　抱怨　缺憾
通通得以放行
我想念道路
白天我们行走的
每一条道路
它们终于停止痉挛和扭曲
宛若ICU里的肢体　松弛
疼痛和忧伤　渐渐平息

随
水而来

手指很轻　敲击键盘
电流嘶嘶的声音
像感冒的孩子　抽动鼻翼
提示我另外的
多个世界的存在
这无边的孤独
巨大的空洞
这个等待的时辰　不知所以
肉体开始溃散
与花园里的植物合谋
成为像它们一样的　香气

我听见动物的睡眠
植物的歌吟
灵魂沉默　然后沸腾
从身体的深处
来到喉咙　舌头跳动
将要开始自言自语
这遗忘和背叛的时辰
宇宙　暗黑与光
正在交接　依依不舍
我可以昏睡　也可以飞
摆脱一切　我多么庆幸

有了猫的听力　有一切
不眠之物的想入非非
哦　这时辰
这做梦的时辰　多么清晰

随水而来

一

随水而来
它无声无息却长驱直入
在它汹涌之峰的上部
日光闪烁的地方
生活
正消融其实有的一切
你在旅途
在傍晚的车窗旁
看到那即将逝去的
陌生的灯火
又作为某种证明
在远方移动
土地似曾相识
它的古老和孤独
已经无法与你沟通①

二

除了作为一朵花

---

① 南方。一次挣脱旧我的行旅。

一株自然的植物
你又还是什么呢?①
我熟悉你衰颓的过程
同时对你重振生机
充满了信任
想一想
有谁能够经受目光的考验
在众多鼻息之下
而不失却自己
与自然的亲近
是你健康的明证
每每当人们
借你伪装虚情
无例外地得到枯萎的报答

三

在这种意外的清晨
雨是春天的忧郁
一切景物
皆呈现沙滩一般的空茫
湿的地方是光
干的地方是梦

---

① 我的生命,本是自然的礼品,如《屋子里再不会有人来了》《温柔的沉默》。

随
水而来

履痕互相交错
我静观它们
以我的内心
以一幕细细的雨
昨夜的梦
雨之后的你的脸
残忍而又温情
将一切陈列
如果不摆脱它们……

四

摆脱它们
优雅的姿态和含蓄的沉思
水里的自由
岸上的惆怅
如果不是迷惘
你怎会让我如此着迷
靠这样的幻象决定前途
是我前半生里
不断重复的错误
但是我多么年青
微笑着

进入陷阱①
从不曾犹豫
也羞于索取

五

你这永远的花儿
置于画面
他的旁边
伴随憧憬的眼神
成为象征
人世的礼仪未曾使你激动
如尘埃的声音
敲击华服
天空的颜色
为你准备
头发金黄
额头发亮
在无限的时光里
引领他上升
这古老的画
占据全部的居处②

---

① 《在爱情上没有什么公正》：但是我只能这样爱下去。
② 有这样一幅画：玫瑰花和客厅里的男子。

随
水而来

六

将我积聚的全部力量
抵御站台的渺茫
穿绿衣的孩子①
走进雨中
你们看见了吗
穿绿衣的孩子
不时回头
铁轨飘浮起来
像家乡天空里的电线
你们用闲聊
来打发时间
时间　我没有
我为雨的忧郁而自囿
请看雨
看更远一些的雨

七

夜晚桔红的灯下
人群聚集
前方的消息

---

① 绿衣孩子，童年温情的回忆。

无论正确与否[1]
皆使善的人性得到恢复
你不要因此
而萎顿下去
这样的时候
一种隐约的微笑
自黑暗的深处
再次感动我
在每一双眼睛里
我看见了你的光辉
看见迷途的孩子
按你的指引
从那些窗下踱过
他一直往前走

八

昨夜的梦得到了应验[2]
星期五的星辰
为灾难呼啸
灾难　你走近了它
我看见你脸色苍白

---
[1]　发生了客运列车与货运列车相撞的事故。
[2]　列车意外停留。之前，我已梦见有众多僵直的躯体裹在白布里，人们从各方赶来，在废墟上忙碌。

随
水而来

衣领轻轻拂动
那一阵微微的风
令你止步
就此驻留
亲人不知你的踪迹
仇人谈笑风生
然而这一切从何而来
这些令人不安的
故事　这种遭遇
我明白你的选择
你全部的逃避①

九

那个字　那个含金的
你活的源泉
曾令你单薄的肩
轻轻颤抖
如今它已经
从你设置的天堂坠落
你那嘲讽的笑
令人兴奋
正如你一次又一次地错过

---

① 每一次外出，都是逃离现实的尝试。

涨潮的季节
而毫无怨言
因此我要等待你
等待来自于你的解释
我知道
是那个字　正是它①
置你于死地……

十

你的兄弟　必须
从喧嚣的人群里
辨认出他们
目光坦率
肤色发黑
他们将馈赠
你所怀念的泥土的香味
他们如此健康
那些阳光暖暖的山岗
他们每日经过
在山坳里牧羊
这种强烈的乡愁将迫使你
击碎所有玻璃

---

① 哲学家说，千万不要说出那个字。

随
水而来

所有网络①
来　打开那只箱子　你的村装
已存放多年

十一

这个时候醒来
黎明时分
海很远　涛声很远
内心充满感激
幻境闪闪放光
隐入巨幅窗帘
我永远安宁的梦乡
由怎样的手来安置？
在以往的日子
惶惶不知来去
有火烧着了雪　烧着了雨
有钟声敲响乌云
满脸惊恐
瞪大了双眼
寻找现在
寻找　一个半透明的时辰

---

① 我们生活在玻璃与网络之中，所以有城累。

十二

在一种光里　母亲
傍晚的丛林边上
远天有深蓝的云
和金色的
歌谣的余音
伏在你的膝上
我再次发现了它
小小的浅色的花儿
它没有任何力量
绒绒的刺被你温暖
你如此羞怯
垂下眼睫　俯视它
俯视蕴藏已久的秘密
温柔弥漫于黄昏
母亲　它会不会
也成为我的秘密？①

十三

那些　旅途之中
相错而过的窗口

---

①　拉斐尔或谁的作品：女儿伏于母亲膝上睁大眼睛，母亲却带着少女般羞涩的神情，茫然凝视手中的玫瑰。

随
水而来

是不是已经忘却
相互的表情
初春的寒风将思想的声音
搜索尽净
美的羽化
将在沉默中完成
然而回过头来
它又开始了猜测
用传统的颜色
描绘她
描绘一幢遥远的房子
那儿的相遇
将怎样开始
并影响一生？①

十四

它如今在你的手上
纤细的腰间
探寻的姿势占据画面
柔美的下颌与它
各趋一端
光自前方而来

---

① 我们永远不知前途有何物。

沐浴左肩
你的魅力
在于心神分离
迎合与抗拒
无法捕捉的行为
这一切难以挽留
梦歌正在飘散①
这压低的帽沿
媚俗的　为灯光塑造的
复制的红屑②

十五

凡世间的美
都将赋予你
那些瞬时即逝的东西
亦如你的存在
我终身追寻
在毁灭与毁灭之间奔波
乐此不疲
而我本身
昨天一败涂地

---

① 北京语言大学阎纯德教授："西篱的诗，其实皆为梦歌。"
② 又一幅画：粉面红唇的摩登女子。

随
水而来

今日又坚韧无比
类似于推石头上山的神话①
西西弗斯　另一个你
在尘埃中涤洗幻想的渔网
空气和阳光
因此而被过滤

十六

永远记得那阳光的颜色
那脸颊的颜色
好像是秋天
天空金黄金黄
他们微笑
念诵美丽的诗句
趁风吹乱头发时亲吻
这偶然所见　现代人的艺术
美和纯真
让我永远年青
好像是春天
植物翠绿
感动
泥土与我最为亲近

---

① 古希腊神话。我们的幻想也是这样，永远不能成功吗？

在那儿留连忘返
并陷入宿命

十七

起风的时候你在哪里
起风的时候
还看得见那些小房子吗
红房子　白房子
油菜花金黄的浪推过去
哪儿是你的窗口？①
最后的灯在海边飘移
是我多年以前
就渴望的地方
因此我要和风一起
穿过那边的树林
为每一条石径
拔尽杂草
起风的时候
一切被我率领②

---

① 三月乡村，南方平原上的房屋似童话家居般精致温馨。
② 对于自然的极度渴望，就是成为它的精灵。

随
水而来

十八

美丽的房子在目光所及之处
随烟雾蒙蒙掠过
似一些脆弱的愿望
我永远不能到达
它真实的处所
梦中行走的人　街道忧郁
相信寻常的话
正待要说　我听见了
那内心之门
关闭的吱哑声音
你必须谨慎小心
冒险的同时　以微笑叩问
然而风景如常
甚至发型也不用改变
你不用受惊

十九

我将说出什么　每念及此
却不会流血
心平气和　有如唤醒
一个幼时不眠的夜晚

疼痛而不流泪
是今生的技巧
凡独处　皆有水褪我
我全神贯注　再次复活
回到乡间的住所
一些永不凋谢的声音
涉水而来
千里之外的伙伴正在失眠
花瓣日益卷曲
太阳的脸日益发烫
这季节又将说出什么

二十

你是我的妹妹
我们共用一个名字
羞怯　指示故乡的花季
直觉就存在于默不作声当中
在对自我以外
发生影响之前
你的长发是我忠实的记忆
阳光不偏不倚
烘托正午

随
水而来

身著紫色衣裙的少女①
我们再次重合
并衔住了那枚分离的果子
凡与你亲近的　都与我亲近
在你的微笑里
我时时观照自己

二十一

黄昏再次来临
步履轻轻
大理石的房子
暗色的风中的房子
走动着白衣修女
我的楷模和理性
以她为形
眼睫颤动
双唇缄默
上帝正以中庸的态度
睥睨人世的悲欢
要不要找回银质烛台
要不要再披一条丝巾

---

① 我常于人群之中发现"自己",她头上的精神光圈令我惊呆。站台上,阳光下的紫衣少女向我走来时,我又一次惊呆了。

随风的指引而去
她的光辉
令今夜的晴空眩晕

二十二

客人们走了
马车也在黑夜之前离去
一只手回到壁前
摸索旧日的琴键
直到它略为暗哑
似眼睛睁开
我开始听屋顶的忏悔
孩子们丢下的玩物
正从忧伤中醒来
这儿有许多抽屉
许诺与誓言
土地与日期
姓氏或证据……
请　听听我的琴声①
祖母已将它们
——上锁

---

① 音乐，只存在于恋它的人心中。

随
水而来

二十三

我的琴声
镜中的安娜
水正漫向你的双颊
而浅浅的笑意如花
你的双臂
或长发
如此消瘦潇洒
镜子正在旋转
窗户渐渐虚化
我们如此热爱的
白日之梦
粉色的
或紫色的
——安娜
将有声音唤你
在你失却自己的地方 [①]

二十四

如此伫立
并娓娓而谈
无善无恶

[①] 无论何种形式的追踪,都回到女性自身。

游离的自由之子
大智若愚地嬉笑
我们只需要片刻
阳光就会流进
理想的心中
如果继续沉默
你又怎会明白
我是完美的女性
手执一朵殷红的花
在润湿的芳香之路上①
歌唱真诚的爱
像希腊女歌手
窃视了手足情仇

二十五

鱼群游动
它们的季节到了
是谁把我的蜡烛吹熄
是谁从夜晚的山路上跑过
我将平静地祷告
感应内心

---

① 浮士德……地狱……红玫瑰……"永恒的女性引领我们上升……"

随
水而来

歌声自远方而起
那四处蛰伏的精灵
她们终于轻盈起来
如天空的水滴
有许多果实在黑暗之处
不得不吞咽下去
鱼群游动
它们愉快的生活正在开始
它们丰满、优美
在透明的水中前行……①

---

① 南方，我的南方，带着我与生俱来的精神领域，于此停歇。

第三季

夜里的声音让失眠的人
满怀憧憬
人啊,你从何而来
我能否随你
走上黑漆漆的街道
躲避每一颗疲惫的路灯
人啊,我能否
能否随你而去

浪漫的日子

浪漫的日子
林中水滴亲切地
握紧了我们的记忆
脚步迟缓　略带忧郁

浪漫的日子
我肌肤如雪
银杏叶梳理空气
梳理发丝　芳香四溢
噢　夜晚的星光啊
缀满了我冰冷的裙裾……

浪漫的日子
真的会如那狡兔
从俗世间遁逝？
而我千年等待的爱人啊
等你时我依然焦灼不安
寻你时亦急切而慌乱

随水而来

一日

那是一双冰凉的小手
在陈旧的情感中为你作心的雕塑
那是含泪的笑涡
盛满孤寂和忧愁
那是母亲
早就在茅屋里衰老干枯
哦　那是年轻的爱人
在你怀中融化
回想春　和闪烁的白杨树

梦幻者的黄昏

在连绵不断的
黑黝黝的山之后
你看见那些
透亮透亮的窗了吗?

在转瞬即逝的
红颜般的夕光之中
你看见蝙蝠
和它由黄转青的伙伴了吗?

在依次相连的
窗棂之后
你看见那
长发或短发的剪影了吗?

她们的眼睛在空中
她们的头发
忽短忽长

随
水而来

将我领进这阳光灿烂的午后

将我领进这阳光灿烂的午后
除了你
还有什么在我眼里更为真实
这一片寂静
这我不敢触及的
稍纵即逝的金子

由你的手
感觉我的手的存在
再由你的瞳仁
找到我梦幻的影象

那抚过我的风
是否应了你的召唤
我将就此离开
自柔波起伏的水面离开
与你注视的光芒一道离开

我的心在秋季醒来

我的心在秋季醒来
唤醒我的
是那些微小的声音
那树叶对肩头轻轻的一击
那少年时期没有着落的爱情
——如一枚暗红的果子
在远方的山头上沉思

听　渴望
在秋风的耳语中滋长
在午后的梦乡苏醒
我要去秋色最浓的林区旅行
在那里
我用深红和浅紫的树叶来打扮自己
像最高的树一样
向更远的远方眺望
像最亮的泉水
在浓荫之中捕捉阳光

我的心在秋季醒来
在透明的空气里

随
水而来

我倾听
记忆里所有潜伏的声音……

我守在那一片金色之中

我守在那一片金色之中
当它以奇异的热情
穿透整个秋季的湿黑和空茫

那时候我找到了一大片土地
以及我的孩子神秘温柔的笑意

来啊　看看我们是否在家里
抑或是在房屋和树梢
在一切曾经选择的位置之上
这人们熟视无睹的瞬间
令我如此激动
有谁能够　亲近自己所愿
像我一样?

即使明天的我
只是些如水的诗行
对奇迹永远的追逐
已在生命里布满了辉煌
我生长在那一片金色之中
那秋日的净土安宁而芬芳

随
水而来

七月雨

深灰色的黄昏
人影朦胧如雨
远远地　陌生的歌谣
越过那浅浅的山脊
越过去
就不再是变幻无常的七月
就不再是欲归未归的你

雨点湿了脸和眼睫
连衣裙透明　长长的
依然裹着一个梦的少女

暮色如同回忆

一

在一个清晨　我想起了你
微笑着来了　又微笑着离去
早晨是冷的
是很少看见人影的——在这乡村
那些永远静默的花枝湿漉漉
花圃前的小白杨
却纹丝不动
天空里全是阴云
也纹丝不动
只是水塘里的鸭儿呱呱叫着
我坐在椅子里
也不动　只是想你
门敞开　窗户敞开
我只是想你
你喜欢的春天早已衰老
我爱的夏也无言而去

随水而来

二

暮色如同回忆　在大地上降落了
在我的心上笼罩了
远山挽起手臂　蓝色的远山
挽起手臂向如梦的青色里飞去
它们的脚下
定然流动着音乐　音乐如波如水
窗前的兰草轻触着玻璃
告诉我春天的消息
风的低语
整个天空都在聆听
呵　这个时候　我爱你！
我爱一切　爱所有的声音
所有开放的花朵
所有像你一样向前走的人们……

世界如此辽阔庞大丰富
而我一无所有

那些我爱过　爱过我的人
别把我忘记
为了你
我千百次从梦中唤醒自己

世界如此辽阔庞大丰富而我一无所有
每个早晨的面孔都不再熟悉

上帝　你所给予我的
都请从我身上摘取
连同那人类心灵里的忧郁之根——
它对这世界永远眷恋
找不到一个平安的日子
我试着亲吻你冰冷的额际

夜里的声音让失眠的人满怀憧憬
人啊　你从何而来
我能否随你
走上黑漆漆的街道

随
水而来

躲避每一颗疲惫的路灯
人啊　我能否
能否随你而去

短暂入眠　淡蓝色的午间
在爱人身边
我看见杉树林披着露珠和昏昏倒影
我欲缓缓迈步　合着他的呼吸

红色　光

光　来自肩后
或前方
找所有崭新的东西
所有光洁的点——
鼻尖
金属支架
鞋面
顺流而下
红色的光……

在　一只眼睛的张合里
光的泯灭与闪耀
无法确定

光　迫使我　低下头
低下头　一双手
有红色的温度
它　柔若无骨
十指亲密
空中　巨大的喧嚣震颤

随
水而来

光　不能永恒
颜色的困扰使它变轻
而沉默
一种艰难的存在
不容拒绝
仰着高烧的脸
作出一万个决定
却没有解释
它的诞生　需要
一个安慰来瓦解

探戈舞者

白色　蓝色　红色　紫色
脚灯　小小的脑袋
面孔　依次　转来
如我　童年的伙伴们
游戏的歌声……
似风
舞池中空　风栖何地?

银色皮靴
每次显现　皆出奇不意
双臂相架　亦来者不拒
托住　腰肢　轻轻地
踩过那些肩头
它们因为摇动
而浑然不觉

这样的　旋律
围绕着　表情贫乏
且　渐远渐离
灯们永远天真

随
水而来

麦克和他身旁的女子

空旷的　麦克的四周
舞曲接连不断
然后　总有一个时辰
电子琴和贝司
舒臂扬颈　伴舞
麦克的萨克斯
铮亮　神秘的萨克斯
开始　忧郁　倾诉……

英俊、惆怅的面孔　喃喃而语
那流泪的歌手低唤着
一次次更换时装
前来　而音乐
一次次地将她　挡住

今晚　一位沉默的女子
安坐在麦克身旁
爵士鼓淹没
他的慌张
萨克斯几次起奏
都没有　将旋律追上

她偶尔微笑
向他　伸去一只手
似一阵自然的风　迷途归来
只围绕着麦克
只凝视
麦克……

以后　麦克的身旁
总放一张椅子
萨克斯　变得响亮
洋溢着热情
偶尔忧郁
令人　想起那女子面孔的纯净
与安详
麦克的音乐
被电子琴们反复排练
它新得出奇
并且总以她　作为背景……

随水而来

喜悦的神情

借这种光来哭泣
淡淡的绿色
使浓夜美丽

如果离弃了这皮靴
又有谁
在冬季忠实于你

光是不能够践踏的
它保持恒定的距离
慢慢转移
噢　这样的安慰!

我不动
噢　我不动
我看见无数
喜悦的神情

旋梯

在人生的奇迹之中
攀登上这旋转的梯子
是属于哪一种?

而我要下去了
这种高度
神秘的处所
有没有另外的人
微笑着　享受暮色的眩晕?

看那些疾驶的车
急促而紧迫
目的驱使
它们面孔木然
抢一条运行线

如果死亡
张着它花瓣般的嘴唇
沿街的两端
逶迤而来
我将如何迎接?

随水而来

在一种过程当中

从一种孤独　走向另一种
孤独　优雅的身姿
和酒杯
无法给人温柔

夜深人静的时候
将自己重新打扮
所有灯火辉煌的地方
我的身影一晃而过
爱人　你所见的
是另一种语言

在一种过程当中
我们忍受百倍的痛苦
而结果　永远是为他人所求

雨从傍晚直下到天明

雨从傍晚直下到天明
下雨的日子　我们的记忆
一片潮湿

在雨之前　我已经知道
我必须从那小街上走过
穿越人流　直到　有声音唤我
除了我　还有谁会了解这雨里的旨意……

然后　雨把世界占据
撵人们回到每一盏灯下
留我在某个角落
听窗外的雨

雨从傍晚直下到天明
这一段时间我已经隐身
我们在那小街边上
如饥似渴　吸吮平常的声音
并想到达那声音之源
看风　在一个灵魂里的蜷伏
因为腼腆　我的目光闪烁不定

随
水而来

整夜地　雨的声音
均匀地敲打我的身躯
直到它成为阳光的薄片
飘落在又一个清晨……

子弹射向我

子弹射向我
因为我已经　离开了那个据点

方寸之地　那个我占据得太久的地方
在那儿　无数次地
我扭伤了脚踝

子弹射向我
这些小巧精致的子弹
多像是用孩子们的双手
捏制出来的　我　躲不过
如一只白色的蝙蝠
子弹们密密地可靠地
将我单薄的身体钉在了墙上
然后撕下　再钉
撕下　再钉……
而我的习惯是默不作声
没有谁能比我更明白
这种折磨　没有谁能像我
这般承受　我的身体已经在颤抖

随
水而来

一种虚脱的感觉　再次
将它钉在墙上
而我的笑　飘忽的　奇妙的
多么温柔的笑啊

默不作声——
我做得很好

是怎样的一把刀子插进我的心

一把刀子!

它仍然留在我心里
只露出　小巧的木柄

时间从来就不分明
疼痛一阵阵袭来　震撼灵魂
在我的呻吟里　刀子
轻轻地转动着

我一直在想　想那只匆匆地
握了我一下的手　我对它没有感觉
但坚信那巫师的刀子
正是在他手里化为无形
然后递来……

我已经选中了那套白色的衣裙
它将我装扮得健康正常
它从来不会让人的眼睛感觉到疼

在薄薄的衣衫下面　刀柄又在动了

随
水而来

我听见我的血在淌　鲜活活的
流不尽的　我的血……

你

一

我看见你慵懒的美
轻柔的浅色的纱缦
和颈胸徐缓的曲线
你虚幻的美　在那一朵玫瑰未曾显现之前
我嗅着了它一千次描绘过的昨夜
你所过之处每一声响
都令我沉醉
你无依无着　两颊忧伤　双唇甜蜜
永远有一种光
在你柔波起伏的头发上回避
我看见你迷惘的美

二

雨声迟缓
它要越过屋脊何等艰难
它要越过我的头发何等艰难
我的脸　它爱　安睡的眼
空旷的房间　那些彼此分离的诗行

随水而来

孤独控制了一切
每一个字都向墙的沼泽深陷
雨水每每粉碎于离我最近的瞬间
睡吧　屋檐与流水互相推波助澜

三

那样的目光
我们只在梦中见过
他如此迷茫而又浪漫
一次又一次地
让我的心涌向了台前
告诉我谁将占据这一切
谁将被分配喝彩　而操纵他们
距离　又将是谁？
我爱在深夜凝视你
分享你秘密的喜悦
再以我的疲惫温柔地待你
直至一种淡淡的金色覆盖梦的沼泽

四

你失去了你曾有的
正若那些丢弃的衣服

个性　或生命的一部分
成熟让人着迷　美丽让人忧虑
你又如此温柔而沉默
只有某种眼神　某种唇膏的颜色
才流露你自己
被人忽略是你的人生
被人发现是你的悲剧
我觊觎你那巧妙地引人注意的秘密
又被你散布的惶恐一网打尽
我探究你孤独的命运
惆怅地看你走入人群

五

在那些安宁的时光
我们反复相识
除了照料梦幻重生的家园
你无所事事
骗子和掮客络绎不绝
从石阶上磨蹭而过
你如此沉静　如此微笑
他们又将奈何
以我的语言歌唱
以你的精神耕作

随
水而来

哦　这许多带刺的日子
亲爱的姊姊　来啊
我们在月光里翩翩起舞
自然的和谐与美
奉献我们的风姿

逛吃

逛吃　逛吃　逛吃　逛吃……
乘列车远去的人
忘不了城市
城市的女孩密布大街
挺胸突臀　头发金黄
低腰裤　超短裙
肉体裸露　冰激凌可口
小吊带　欧根纱透明

五颜六色的女孩
美甲美瞳　睫毛像蝴蝶
糖果一样的女孩
橱窗前噘唇
鞋跟如天梯
傲慢　柔弱　膝关节僵硬
颐指气使　小心直行
眼角放电　掌控欲望和节奏
逛　吃　逛　吃　逛　吃……

逛吃　逛吃……异乡客
逛吃……

随
水而来

在车轮和铁轨格斗的旋律中
梦见他挖出　地下所有的煤
买下整座城市
得到　所有糖果色的女孩[①]
他闭着眼笑　满足　酣畅
嘴角半咧　涎水滴落
在汗臭的鞋垫上
一丝动静　一点光亮

---

① 社会转型和流动牵引的巨大欲望，一度势如洪涛。

怀念花溪

你有没有看见过花溪的水
蓝色如同宝石
如同矢车菊的花瓣
在云贵高原上摇曳

鸟儿的歌声从山那边飘来
飘来四月
花溪的水从东流到西
又悄悄地流回它们的巢穴

四月金黄的花海
就在溪畔生长
直长到贴近蓝色的天空
爱梦的女孩
就在花蕊的中央做梦

请随我在没有栅栏的春天远行
驾驶童年的那只蜻蜓
你看溪底的水草疯狂地舞蹈
像自由的女妖倾泻她们的激情

随
水而来

我想知道
还有没有另外的人
和我一样　在这美丽的水边成长 ①
如果是五月
绵绵细雨就会涨满她的心房
涨满她恋爱的愿望

我在十月南方的人流之中
抬头看见天边的花溪
那风和阳光的声音将诗歌吟唱
心灵在清澈之中开始激荡

我知道
即使寒冬降临　大雪纷飞
花溪也依然碧绿
运载着朵朵雪花
流向远方……

---

① 十六岁离开出生地进贵州大学学习，对自己的高考结果非常不满意，但花溪的美安慰了我。

父亲

不期而至的秋天
绵绵细雨使你的目光深远
如同午后古老的黄铜挂钟
而它的摆锤依然
锃锃发亮

灰尘们仍在飞舞
阳光已经陈旧
退向写字台与墙壁之间
是谁的头发和尘埃一起
织成了灰色的毛绒戏衣

我于重阳节之后
第七次缩小成为一点
藏在花蕊之间
每一朵菊花都被您寻遍
我认得您的手

祖先们脸孔的影子
和那面千年的瓷盘
日光复现　投射到你的额上

随
水而来

还有那高耸的
世间独有的鼻梁
在黑夜里以强大的呼吸
应和了蛮荒土地上
松涛的悲鸣
一切都无法加以选择
生命的兴衰
如同寂静的旷野
在父亲的手指节上
渺小而千年不衰的须发
把皮肤映得苍白

炉火是再点不燃了
黄昏已经等待多时
白云深处的人家
纷纷逃离
黑暗从深谷中流泄而出
轰鸣在地心里震颤
野狼的嚎叫直逼到窗前
那种悲诉前所未有
遍野生灵直瞪着双目
而温柔的哭泣
在天空茵茵的黑草丛中萦回
直到夏季……

狼群无休止地迁徙
一个女人耸立在它们当中
你的母亲
她不微笑也不吆喝
捧着永恒棕色的乳房
山溪水突然哗哗作响
她浑身干裂啜吸其中
……然后冬天就呼啸而来
伸出皮鞭样的长舌
把大地舔得荒芜焦燥

那时候你在哪儿?
在母亲的腹中吗?

还有一个传说
关于一道在阳光下千变万幻的峡谷
深长久远的龙吟在人们的梦中起伏
足够我们抵御寂寞
和漫长又虚无的饥饿

山里的石头冷得喘息
山顶的苍松一株株爆开
在月夜我们循着箫声向您遥望

随
水而来

洞箫流露微弱的命运
单薄如寒风天末
狼群的长鸣变得细腻温和……

最后儿子们变成一座座大山
女儿们变成一幢幢花园
乡邻遥远地赶来
说父亲的头发和胡须
全白了
我赶紧做梦
梦见漫天大雪
瞬息之间降落
覆盖在衰老又温暖的大地上
——但是您眼里的智慧之灯长明不衰
您无比庄重的仪容
令我对天下的福佛顶礼膜拜
然后我急剧苍老
直到伏在沉默的父亲足下

父亲
我的灵魂正向您飞去
当人类的苦难
被岁月之流销蚀殆尽
我与您团聚!

第四季

零点已来

硕大的云朵沉默而汹涌

在北方的天空　浮现

如烟的树枝更紧地贴紧

游离的星辰依然遥远

我聚集了所有温柔

您依然在镜像后面

　　在月亮所见的

　　最南的南边

我常看见一只鸽子

我常看见一只鸽子
伫立在不远处的屋脊上
像是天空的精魂

有时候是一只白色的鸽子
像遥远的、无言的心之歌

天空或许很晴明
或许很阴沉
鸽子它扬着头
在思想什么?

有时候是一只灰色的鸽子
缓缓的、无声地迈着步子……①

---

① 它此前在本诗集第二季里出现。

随水而来

寻找那一切我所向往的美

寻找那一切
我所向往的美
——某种姿态
漫长的黄昏
一次特别的谈话
那瞬间的形象
或死亡
它们在现实里毫无地位

为此　将注定我
永远受苦
连死　也不能够
因为
什么都不能丢弃
何况我已经了解
并且拥有
如此众多的秘密

把辫子剪掉

我腆着肚子走过大街
目光在眼镜后躲避行人的眼色
可灵魂还留在了少女时候
手里握着爱人的照片
去谁也不曾留意的地方赴约

我的爱人我的情怀我的孩子我的爱
穿行在这无边的尘埃里阳光使身姿摇摇摆摆
这秋天的太阳使所有的女人都怀孕了
为什么男人们那样冷漠
女人用廉价的香粉把脸颊涂得灰白

在这条路上我走过一切时代
我羞怯的微笑孤独的徘徊
是秋天的太阳使我怀孕了
在烟雾中还去寻找我没有到过的大街①

---

① 这首诗，又名《贵阳梦歌》。

随
水而来

蜡烛就要灭了

蜡烛就要灭了
将倒伏
在它最后的泪里
而我的诗还没有写好
请寄给我一点光亮吧
友人　明天
你会　收到一个梦

风翻越一个又一个世纪

太阳在午后　在渴睡的时辰
把昨天化为灰烬
仙人掌活得疲惫
爱的愿望在它身上扎满银针
我也疲惫
但无论白天　还是黑夜
我都睁着双眼

夜是一头黑发垂到胸前肩后
天空是唯一可以藏躲的小屋
孤独的呼唤缓缓滑向蓝色地平线
长久聆听
爱人　我温柔的爱人
是一只可怜的小鸟
正为什么而微微颤抖

风翻越又一个世纪的峰峦
风已经温柔又苍劲
年轻的女郎从远处慢跑而过
半空里全是亚麻色头发飞扬的影子

随
水而来

把那一片冬日的天空给我
把你未写的书信给我
一切给我
在我的土地上有全部心灵之路
永远回响人类希望的足音

寻找一个藏族孩子

孩子　我忘不了你
小麦色的脸庞
镶嵌着浆果一般的酒窝
被阳光烤熟　气息芬芳
去年的这个时候
我俩隔着车窗
反复唠叨彼此的秘密
手指勾住手指　勾紧再见的诺言
会心一笑　为我们小小的梦想

你没有等到我的新书
我也没等到　你来城里上学
亲爱的孩子　他们说你
失踪了……
他们不敢吐出那个字
我脸上的滚滚泪水
让他们的喉咙哽住　视线模糊
你永远地
留在甘南　留在陇上

孩子　我小麦色的孩子

随
水而来

你就在梦中飘走了啊！
我听见河流的悲鸣
听见大地几十米深处
树根的呜咽
它曾经聆听你的脚步
你赤裸的双足　带动轻风
满世界奔跑
清脆的节奏　拍打着白龙江

夜复一夜
我坠入轰隆的梦境
在曾经被人们称为
桃花源的地方
我十指插入淤泥　唯恐把你触痛
你小小的身体
怎经得起水的浸泡、石头的磕碰
你浆果一般的酒窝　纤细的双手
是否无处躲藏？

雨停之后　大地仍在悸动
天空中的鸟儿徘徊　追寻　张望
转经筒摇动　摇过山冈
世界如此沉静
亲爱的孩子　你有没有

听见我的呼唤？
我看见了啊　泥浆抹平的村庄之上
再次浮现　你那被阳光烤熟了的
甜蜜笑容……

随水而来

太阳雪　玉树殇

青藏高原腹地
雪花聚集的地方
长江、黄河、澜沧江在吮吸
母亲银色的乳汁
然后　奋力流浪
将唐古拉和昆仑山的影子
拉得很长、很长……

太阳捂不透云层
氧气去了绿色的地方
空气很轻
很轻的空气中
留下四月　永远的四月
寒冷和呼唤
在天空回荡　在地底回荡

那些尘埃中的脸孔
那些被回忆和明天反复温暖的脸孔
那些睡眠深处
甜蜜又脆弱的脸孔
仰向凌晨的星斗

仰向天空
灿烂而结实的高原红
变成暗影　变得清凉

一个夜晚过去之前
西风逡巡如蛇逶迤
它双唇血红
从东到西　直到　结古镇上
房屋和街巷曾经那么放松
像时间的堡垒
在孩子的梦里
将潮汐阻挡

当疼痛从大地的深处涌出
它们一次次痉挛
一次次碰撞　一次次地
把母亲和恋人的名字
写成创伤

我沿着胡杨树的方向
丛丛枝条压抑着
它昨夜的哆嗦
天空的唇语　植物们的喘息
令我双臂张扬

随
水而来

我从格拉丹东身旁
跋涉　迂回　飞翔
雪峰的呼啸总是那么孤独
那么悲伤

我沿着康巴汉子的方向
最后的酒滴　响起节奏
击打他脚步的踉跄
暮色滚滚而来
酥油灯　风中的酥油灯
是姑娘卓玛的回眸
是他向往的脸庞

我沿着藏羚羊的方向
它无法形容的面孔
糅合了时间和梦想
它要将我带入神秘的领地
要让我入迷和发狂
在那边　溪水诞生的地方
森林诞生的地方
藏羚羊的温情
让空洞的世界不再空洞

我沿着野牦牛的方向

它的身躯运载着千年的幸福
它的腹部是最最温暖的毡房
它步履稳健　不慌不忙
它眼神凝固　略带羞涩
又无比慈祥
平息了异乡人的惊恐

而我相信
总有一天　野牦牛
会向远方召唤
它的四蹄　千钧之力
将高原擂响
野牦牛　它敞开喉咙
歌声沿着雪线　流淌……

我渴望你们的歌唱
所有的歌唱
紫外线密集的地方
戈壁滩的沉默
压抑不住砂金四溢的光芒
花儿　高原上的花儿
追逐着一个又一个爱情故事
忧伤　悠长

随
水而来

所有的声音都只是一种声音
所有的风
昨天和今天
汇聚成永恒的悲伤
我渴望岩石燃烧的火焰
渴望凌晨的湖泊
高高的芦苇缀满浅浅的岸
一只眼睛里的天堂

我的痛不能消除你们的痛
我的伤不能愈合你们的伤
看哪　十个昼夜过去
百个昼夜过去
那只孤独的藏獒
仍然　徘徊在废墟之上

太阳雪　玉树殇
我的灵魂匍匐在格萨尔广场
我想潜入地底　或者升入空中
却不能找回安宁的梦乡
一个夜晚改变了一个世界
所有被禁锢的血液
变成了雪的形状

如果你能感受到我的抚摸
我流血的手指
发出电的光芒
如果你能　听见扎曲河水
迂回　前进　呜咽
如同汽笛　或儿童的哭泣
如果你能将我带领
去到我们永恒的梦乡……

生命并不属于你
不属于我们
时间的纠结　和脉搏一样
当所有的表情变得僵硬
我们神醉魂迷
变成花朵
太阳雪飞扬

看啊　空中降下了冰晶
逝者的灵魂与太阳雪结伴而行
我再次看见你　玉树　凌风
从茫茫结古镇
到勒巴沟的岩壁
到高高的晒经台上
太阳雪　水的形状

随
水而来

灵魂的形状
眼泪的形状

亡灵的歌声
在云开日出的地方
在群山之巅翱翔
一切变得柔软
所有　将要到达的地方
光的胳膊　水的曲线
白昼似朵朵雪莲
群山像大海的波浪
让我们紧闭双目
祈祷　在花瓣和水珠中流传
在高原上飘荡　疼痛　飞翔　到达
完美的时光……

温柔的沉默

一

一块石头　在沙漠之中
又一块石头
石头与石头之间
夜的迷宫　一棵树　错杂的根须
无限生长

在黑夜的丛林寻找果实
果实剥落的声音
击打童年的手指

闪电将劈开什么
浅色的花蕊自云隙
纷纷洒落
那渐渐滑落的我的星
那火焰丛丛的深谷

二

而与这一切相邻的
砂砾的那边
波浪互相追逐

随
水而来

时间　它曾经温柔的等待
就在它的足踝旁
我欣然诞生
那时候天空纯净没有预言
那时候万物生长没有忧伤

以我的发辫倾诉世间的美
以我的眼睛关注所有生灵
而我的心　日夜跋涉
为你们唱祝福的歌

母亲啊
我拒绝你的舌头
拒绝以诅咒决定人生
为了种植遍野鲜花
我不惜将热血流尽

三

那金钱的光芒　它将你们一切买尽
在睡眠的人群之中
我看见了一双天真的眼睛

那光芒暗藏引诱
它的华丽将青春渐渐焚毁
令它的臣者永远劳役
我看见你们　爱或是真实
正节节败退

永别了　健康的心灵
永别了　强壮的生命
滴石穿岩的水
浴过少女纯真的水
冬日为冰夏日为汽
在这个黄昏
自城市的上空跌落在浅色的裙上

霓虹们尽在招摇
自低矮的车门而出　谁还认得自己

四

冬天是死的盛典
石头的堡垒处处
堵截时间

随
水而来

在午后的时间释梦
梦又自傍晚开始
北方　或是南方

万物聚集的天空
庄稼的幻影　又一种象征悸动
它们在呼吸什么？

我再不能因美的消逝
丑的逞凶　而自虐

对谁说死
死都会变为一份轻飘飘的故事

五

把自己看作翠绿的植物
我们来自乡间　那时十六岁
想象斑马线上匆匆而过的
全是金发的孩子　而田野的故事
将令他更为纯净和智慧

像夏日的嫩松　或山谷的幽兰
我们畅饮幻想的美酒
同时蒸馏自己

六

但是它的力量　那坚韧的长针
分秒不停　正向你的心靠拢
它使你洞察分明

瞧啊
灵魂的磨坊　小鬼纷纷出场
在城市能看到什么呢
除了交易所的装璜

但你仍为文明而来
为艺术而来
深入黑暗　深入自然的藏地

是郁金香　黑色的
她亦将战胜一切

七

如果作出这样的选择
以一生成就一件作品
世人列队而来

随
水而来

读他能懂的部分
你将不复计较
他们各自分得的眼泪

你仍活着　为了抵御阴谋和游戏
大地的汁液——注入
所有艰苦伸张的纤维

在火中焚毁　在火中再生
在此之前　我看见你一生透明
传说日积月累
语言挥霍浪费
你逃避万年　逃避一千次记载
你崇尚劳作
然后回归那件洗净的衣衫

七

尘埃遍及各地
而一种痛楚的脚步　如春天的利刃

水在石头的中心
水的声音与众不同

她的精神在岩层中流动
永恒的沉默　献给众人的耳朵

八

名利　这样一群幽灵
被领到了家里　家园细菌丛生
那母亲最爱的孩子
给予它　成了爱的一种方式
在优雅的姿式后面
所有关节都已破损
它们欢呼雀跃
吸取他的血　和脑浆
以此警告人类

神灵令我舞蹈　激情诱我牺牲
他们以黄金矫饰于我
在黄金之后　勇气挽住了罪恶

我们向往的一切之上
运动的主题
一个日子是一块块卵石
这双手扒完了黑暗
在河的对岸
水的旋律再次响起

随
水而来

九

仇恨滋生仇恨的地方
水化为血　伤口如花
花朵绽放的声音
终于使他们安静

你脚步轻轻　双臂挥动之处
黎明新鲜如乳　你越过了田野
蒲公英和三叶草们
还在露珠下酣睡
牲畜抬起头来　那样亲近的眼神
是永生永世乡恋的歌声

十

这儿没有计算或是猜忌
太阳也从来不会　被人利用
你的芳香便是一切的芳香
你的生命便是一切的生命
天空以大地为形
大地以阳光为心
在这儿　你展示了含笑的眼睛

鸟群的翅膀反复煽动
在金色的稻浪上空
回荡着圣者沉着的声音
他是一切伟大和智慧的总和
他关注的孩子
是雨水一样的花朵
谷粒一样的宁静

十一

用这样一块织物不断地抹拭什么
又不断地洗净
你贤惠如牛　羞涩如鹿
你是祖辈栖息的房屋
屋前有树　屋后有井
门楣贴上符咒
檐下漫步家禽
你娇弱如影　美丽如镜

十二

右边或左边　椅子们沉默寡言
前方的台阶

随
水而来

和灯光一起飘动
如果不在人群中消失
就在聚光灯下昏厥

而与这一切相邻的海的那边
老人的祝福依然
那黑色的花朵　那金色的花朵
石头粉碎然后去向水底

在火中焚毁　在火中诞生
在此之前　我看见你一生透明①

---

① 乡村文明与城市文明系统的转换，必然历经自然美的消逝和熏心利欲的逞凶。

梦歌

头挨着头　肩暖着肩
躺着　呼吸平和　眼含光明
那是个多么喧闹的雨季

望那我们想的地方
像两朵花一样
湿漉漉　思想
在眼睫间
偶尔闪动

开门的声音
开窗户的声音
全在幻想之外
阳光来搔痒了
不要动

那个地方　是瞬息万变
或是轻柔安详？
我们双双躺着
像两朵小小的浅色的花

随
水而来

仿佛昔日黄昏
我蓦然发现
你的头发已有金光闪闪

不要醒来
但我们想的地方
在雨声里　静得出奇

两朵小小的、浅色的花
某个时辰　香味很浓……

傍晚从午时开始

傍晚从午时开始
众声剥离出花开的声音
时间和空间反复错位
从此我跌入幻觉
软弱　无力　梦乡临近
恋人絮语
铺展开危险的机会
难以分离

华南快速①的车声
织布一般密集
黄昏挂起浅蓝色帷幕
树木和房屋的轮廓
庄重起来
渐行渐远
心脏仍然悸动
它裸露给时间
犹如远方的帐篷
裸露给草原　乳房一般

---

① 广州有一横贯南北的干道，名华南快速路。

随
水而来

温度偏低　这只是十一月啊
我的每一粒细胞
在神经触及的最深处跳跃　分裂
它们对你的身体和话语既亲近又过敏
无法平息　至今

镜像与眷恋

禁锢　窗帘停止起伏
它们因为粗糙而羞愧
安静下来　向空旷之地聆听
许久　从不同方位传来
月亮游走的声音
她时疾时缓
零下6℃的气温　天空湛蓝
梦乡里虚无的蓝

你是我每天唯一的眷恋
看啊　零点已来
硕大的云朵　沉默而汹涌
在北方的天空　浮现
如烟的树枝更紧地贴紧
游离的星辰依然遥远
我聚集了更多的温柔
你依然在镜像后面
在月亮所见的
最南的南边

随
水而来

我爱的人　你要耐心

一

城市的声音向远方退去
内心的声音汹涌起来

我要你向我靠近
我要你那蓄藏已久的温情
大氅一样将我裹紧

沉重归于黑暗
万物挟带忧郁
静默　渐次隐遁
比某种现实更为珍贵的
真正的生活
在自然的秩序里
温柔地
等待无从讲述的话语

时间获得另外的形式
安放零落的灵魂
我已经找到那柔软而又坚实的
辽阔的青草地
夕阳曾将大地温暖

清风又将草尖吹凉

不知何时何地　芳香之地
我们肌肤相亲
发出深深的叹息

二

心弦拨动
这是一天最后的歌唱
温柔与温柔拥抱
眷恋与眷恋靠拢
我爱的人　你要安宁
你要恢复婴儿的娇嫩
夜的形状无法比拟
它无边无际　就像拥抱
它复原另一个世界
我们的吟唱　就在这个世界里
反反复复地　在那些沉默的树叶上
像醉酒的蝴蝶　颤动、停歇
她的沉迷　难以自拔的沉迷
只有黎明才能解救

我爱的人　你要耐心
等待新的一天
难以揣测的一天

随 水而来

自己按门铃自己听

下雨了　亲爱的
谁给你撑伞　路灯
逐渐消失的地段
霓虹灿烂　送你归程
道一声　晚安　合上宅门
沉重而又陌生

我反复听周深　孤独的孩子
自己按门铃自己听
在辽阔的夜里
想象你的背影　脱衣换鞋
屋内的温和低语　所有细节
睡前的一杯酒
漫长的有滋有味的磨蹭
鼻息粗重　迅速进入梦乡

雨声淅沥　这样的冬夜
有人在温暖中蜷缩
有人继续飞翔

我能抵达任何地方

唯有与你的距离
倾尽一生
也难以完成

随水而来

他

他温柔　纯洁
像黎明的露水　晚霞的余晖
如梦如幻
我在他手里　犹如婴儿

明月升起的节奏
激起我体内的波涛起伏
他从容　如温暖的石头
丰富的森林　是我
在人性中寻找的归宿

哦　他深思熟虑
又赤子般纯真
相爱的时光都变成梦乡

身体的气息并不热烈
像野生的蔷薇散发出淡淡清香
蔷薇花丛的下面
有小溪在流淌
清澈、恒久、柔和
哦　这春天的溪流
带我们去所有能去的地方

我要起来　游行城中

温情包裹着我
如此甜美、芳香
我热爱所有时光
那些傍晚或午后
它们无声的节奏
在半空里耳语
在你的背脊上起伏

我品尝你唇齿间的清香
和你一起荡漾……

将它带进我的身体
最神圣的地方
我要将你再次诞生

我光芒柔和的亲人
我颤抖的亲人
你看这时光的角落温暖愉悦
比愉悦更甚的是痉挛
它令我久久不能平息
如河流上空　鸟儿的盘旋飞翔

随
水而来

我沉默又纯净的亲人
我细致又温柔的亲人
跟随你的节奏
运行我的内心
和谐　又有些许陌生
即便我的气息
重合了你的呼吸
你仍要不停地
说出我名字　你的轻语
织成我灵魂的羽衣

亲人　唤醒我
让我穿戴齐整　在暗寂中游行
请给我钥匙和眼镜

我要起来　游行城中
在街市上　在宽阔处
寻觅你的所在①
请给我力量返回现实
来　我们一起寻找
重返现实的路径

---

① 此处借用《圣经·雅歌》。

零点就要来临

雨声淅沥
它缓慢的颗粒历数时间
同时固执地
击打我心的某处
准确　匀速
自青春期开始
自生命中无穷尽的深秋
这样的夜晚数不胜数

而今　时间融合了此处和彼处
零点就要来临
万籁俱寂
灵魂披上黑色大氅
孤独像融化的河流
它们自以为已经占据世界
湮灭了光

我一直无法出声
在宁静中因忧伤而颤抖
但我知道你在
我记得你的体温

随
水而来

眼睛里的温柔
纤细手指的摩挲
比雨滴更坚实更温情的
带电触的节奏

昼夜正在交替
理性的仪式有序进行
我倾听它们

雨水击打灵魂

我一无所有
却拥有对你的无数记忆
你从容的节奏
你的细腻含蓄和温柔
似我灵魂中的芳香之地
又似原野上汩汩流淌的
秘密细语
我与你心领神会
身体里灵魂里发出声声叹息

记忆它恰当地给予提示
我倾尽全力　以那个字
那个含金的字
抵御忧伤
并得以警惕雨声
我必须提前半拍
在它之前　弥补
那一个又一个被雨水击打的
灵魂的洞窟
圆形的　晶莹的洞窟

随
水而来

偶然与永恒的续约

一切似乎偶然
发生于某个瞬间

在那瞬间之前
我们在梦中亲近
至少已经一年

在那一年之前
我等待和寻找
至少已经十年

而在十年之前
你也曾惊鸿一现
只是　彼时的我如此迷惘
一旦离开家门
便迷途难返

无法继续追溯

偶然与永恒已经续约
我要倾尽所有
拥紧这个瞬间

河岸

好的　抱紧自己
热量回到内心　聚集
柔软　温暖
意识逐渐涣散
拥有渐次变轻
夜晚开始滑翔　成为空气
进入所有缝隙
在你身体被意识雾化之地
睡意低垂　守护　栖息
梦的浮力来了
听一种声音在河岸下轰隆作响
碾碎天空湛蓝的晶体

大地之音载着我
终于摆脱了疲惫的岸上
那无数强韧的手
轻轻游走……

随
水而来

风来了风吹拂我的脸颊

城市的声音在头顶滚滚碾过
时间的牙齿在可望而不可即的地方撕咬
天空中有巨型的脚印
每一片树叶都在呻吟

当你去了的时候你不要再来
当你来了的时候握住我的肩头不要离开
我从山顶向山下奔跑
一路丢失了鞋子衣裙和头巾
有虹霓从天边飘来仿佛你的身影
我随它而去
风往两边吹开惊讶的人群

风来了风吹拂我的脸颊
梦来了梦抓紧我的头发
我的爱人来了
所有的人中他最为清癯英俊

葡萄酒的美丽

葡萄酒的美丽
令我一生入迷
我们无数次地同谋
进入那个奇妙的主题
以它的芳香
渲染我圣洁的眠床
以它的绯红
亲吻我如碧的双鬓

但是它永远不做一个故事的结尾
哪怕我又找到一些零落的玫瑰
与我们同行

今夜　亲吻之后
它因为羞涩
而注入
一只、两只　夜光杯

随
水而来

你的身体

你的身体
无处不是我的位置
许多小门为我而设
我喜欢在离去时
听它们关闭那种吱呀的轻声

这个季节
银色的雨将我们堵截
如果你不安然
我又将何处藏身?
街灯亮了
鞋子湿了
亲爱的　抱紧我!

矢车菊

命定的日子
矢车菊的歌声飘渺缭绕
我们踏水而来
栖于陌生的河岸

一湖水的蓝
蓝不过一枚纤弱的花瓣
这样的乡愁
早在我前世的归途流连忘返

风也吹凉了孩子们的指尖
矢车菊
我们今生的劳碌
是为了再次得到
你宁静的一瞥

音乐正将我引走

阳光探进来的时候
灰尘开始翩翩起舞
我的孩子　请抬起头
睁开你清澈的双目
我爱你光芒一般的眼神
还有你永生的沉默
不用恳求
我就会将你小小的灵魂抱住

你要留心那群群路人
天空又不时飘下如墨的雨滴
音乐正将我引走
你来　宝贝
站立于我的裙裾之上
同往那芳香的去处

创造奇迹

时光排列整齐
掠过我们的肩头
它的翅膀丝丝有声

瞧　这些面孔无比成熟
平平淡淡
却没人能够猜透
——谁在翻看微信

而那双创造奇迹的手
从半空里伸来
将我们抓住
——有人在暗自发笑

在目光之间架起虹桥
诱人们攀登
虚空里
他们开始互相拯救

随
水而来

深夜的雨声

深夜的雨声
稀稀落落地
在窗下　跌痛了没有啊?

从前　有只小猫咪
总在深夜里哀叫
雨季到来的时候
他的窝做好了没有啊?

窗帘总没拢闭
天花板上
一缕光影
分排开四溢的忧郁
安安静静地
吮梦的气息

我以我的生命向你敞开

我以我的生命向你敞开
我以我的灵魂穿越这无边的黑夜
然后我们在灯光迷离的街道相约
我以我的温柔　引你走

不再准备那俗世的典礼
爱情在不幸之中　日臻完美
爱人啊
以你的双臂将我拥紧
请闭上眼睛
接受这子夜的安慰

随水而来

西篱的童话

一棵树的阴影
是街边灯的作品
今夜的灯不同寻常
注视我
如同我唯一敬爱和听从的老人

今夜我躲进这树的阴影
满怀了少年般的柔情
爱人　我无声的出现将令他吃惊

我长途跋涉赶上这个时辰
那路灯光剑闪烁是为我而生
爱人啊
我来向你讨取
一句朴素而深情的叮咛
爱人啊　因为这夜晚的光影里
你神秘而美丽
永远占据我全部的梦境

那些雨后的屋顶

那些雨后的屋顶
安宁地
沉入雪的梦境

青色的路面
行人的头发　湿润
远远近近　积水动荡
他们的脸孔来来去去　映入其中

音乐　在黄昏
将谁赶出了家门?
伫立街边
思念一条围巾
——婴儿肌肤的细腻
母亲乳房柔和的白色

随水而来

旧日与今日

把我自己洗净
还有灵魂
它在某一段小径徘徊　至今

那旧日的脸孔转向大街
表情冰冷
阳光并不陌生

一切的发生
是在日蚀的时候
你将说起什么
哪些留念会成为藉口

但是　今天
我要把自己洗净
一种特别的眼神
永远消逝

第四季

在爱情上没有什么公正

在爱情上没有什么公正
聪明的心都只被切掉一半
而我们被整个摘取并给替换了眼睛
但是我只能这样爱下去
谁也不能让我相信
还会有另外的火焰
能更炙热地燃烧生命
啊　那绿色衣裙里的青春啊
为什么总在梦里裹了红披风①
不怕醒来化为灰烬?
爱情的芳香使大地变成了沼泽
遥远又深沉的呼唤
永远是爱人的声音

---

① 我多次做这样的梦:红色的衣裙,在梦里却成了绿色;或者绿色的,在梦里却成了红色。我哥哥说,梦和现实是相反的。基于他历来对我的敷衍和故意误导,我没有采信。

随水而来

我每日等待

我每日等待奇迹的发生
如一只小猫在蓝色的桌布上发愣
这世界毫无动静

还有什么可以馈赠
再次闪现那初恋的一瞬?
当岁月收回了一切
在一个冬日的黄昏
品味世人的成熟与忠贞

深夜里把头发梳上千遍
选择一小段路径徘徊
那株五月的树啊
每片细叶都在歌吟
我的寂寞如同这苍穹的寂寞
我的深情如同这大地的深情

月圆了

远离城市　大江
残缺的魔方楼房
她蓦然出现　澄净　高远

道路　晒台　角落　楼顶
手机们如黑夜里
多刺的仙人掌　高举
她裹上光晕
真相永难呈现
媚俗油腻尽数奉还

仰望吧　尘世之子
一日三省的时辰
烟卷泯灭　闪亮瞬间
可惜　她不信任
从未放下
对城市灯火的警惕
尤其是那身裹虹霓
直插云空的　小蛮腰　塔尖

想念月白风清的乡间
她与我们心心相印

随
水而来

彻夜亲抚沉湎梦境的孩子
浅色细腻的小脸
直到黎明到来　云蒸霞蔚
她远在西天　轻如鹅羽
鸟儿们歌唱　传达叮咛
无尘无染
渐行渐远

忧郁之水和梦幻之镜
——与西篱的诗谈玄

张建建

●幻有

这里所说西篱的诗之"幻有",并不是说西篱的诗竟然只是幻,只是梦,只是虚无飘渺。这里是说,写诗常显梦幻气质的西篱,在这部诗集中,既保持着她一贯的梦态抒情的恍惚气氛,却也能在流云思絮之间,以诗的方式言说起关于"幻有"的思来。

所谓"幻有",指向人生境遇,是存在幻灭、空有相趣的意义;指向诗意境域,是语言幻灭、言意相荡的含义。此刻西篱更加注意的是对于人生境遇之"幻有"的思索。《随水而来》无疑是这思索的宣称:随水而来,生活,正消融其实有的一切,人在旅途,"灯光"日愈陌生,"土地"以其孤独而无法沟通,而这一切,又都是一个神秘的"某种证明"。

西篱的诗,越写就越抛弃了那些她曾率直歌吟过的恋情、激情、痛楚和种种奇异璀璨的梦境。

从那些激荡垢杂的浓郁的玫瑰,到如今如水无染的思絮,

随
水而来

其中有多少真诚的倾诉和经验已悄然融化于诗行之中？或许，西篱在这里着意运用些许注释，又隐藏了她许许多多此时此刻的人生遭际——她不是说，这是一项"挣脱旧我的旅行"吗？

我曾说过，西篱的诗是充分隐私性的和个人性的，这大概也表明西篱的诗适合于某种"以退为进"的写作信念。帕斯（Octavio Paz）说，诗是"激情、肉欲、理性、神圣"的相遇，可是这一切，一旦诉诸于语言与诗句，诗人的精神世界的不可思议和她直率诚实的叙述，就将会在诗的境域里燃起怪异之火。此时的隐私与内在事件，将会多么强烈地震荡着人们的理性秩序，不论聆听者多么渴望那窥视的快感，这些诗句常常幻化为一面面镜子，照见的只是窥视者们人格内部的"阿妮玛"（anima，男性人格内的女性灵魂）的倩影。

不论怎样，从爱与苦的渊薮里爬升出来，这中间自然会有种种境遇的推动，或许就在这里展现的思絮的直观（如她所说是"形而上"）之中，自然也潜伏着西篱宣称的"摆脱旧我"之苦苦挣扎。正如她所说："我熟悉你衰颓的过程。"如果我们一一诵读了西篱的几本诗集——《谁在窗外》《西篱的梦歌》《温柔的沉默》《一朵玫瑰》《西篱短诗选》，我们也会这样说的。

"梦歌正在飘散"，即使如梦，梦境也难抵御"幻有"思絮的如潮之涌。对于其中种种充实的内容，以及种种实有的经验，无论将会展现出什么样的精神水平，就其为过去所实有的一切而歌吟出来的酸辛，不论诗者将怎样拒绝，人们不能不生出深深的怜惜。

忧郁之水和梦幻之镜
——与西篱的诗谈玄

怜惜之涌现，其实与诗者关系并不大，而是人们借镜照见自我的结果。这又是诗的幻有的一个方面。

幻有，道出诗的真正面容来。

既然以语言为世界，也就无所谓那个五色杂驳的对镜世界的真与伪，只是由此而展示了又一个五色杂驳的心灵世界。人歌，人哭，人笑，人啸，这世界之中，原也是色色停当，照出诗者的精神心识世界，也是历历分明、起伏流转的存在。可是，语言终究只是语言，吟诵者与聆听者，终究也是以其为契机来相互感应，结局是各自心灵世界的再认识与再建设。

说诗是存在，是因为语言存在；说诗是幻，是因为语言终究是"出位之思"——言外的思，心灵世界的弥化。所以说诗为幻有，以标志它本质上的超尘脱俗的姿态。

●流水

不论是对于诗歌还是对于世界，说其"幻有"，最为恰当的说法是"流水"。流水，不停不住，汩汩滔滔，不知所始，不知所终，是说"幻有"的实质。

流水，其实是一种很具体、很形象的"思"，即一般所说的智慧。在诗歌形态上，它是一种无碍的运转——人称的迅速转移、思絮的飘泊不定、意象的流转自如以及音声的婉转有致。

西篱这部诗集里有许多"准商籁诗"（几乎为十四行诗），小巧精致，情思绵绵，很具流水的形态，本来也似真似幻，似实似虚，扑朔迷离，用流水说说也很适当。不过，这里不必再

随
水而来

去一一解析,只说此诗之情态与她所思索世界的"幻有"很是融洽。

流水的真正奥妙在于,它同时是特殊的"思",是因为它在根本上构成了人类的一种很原始、根本的宇宙论;人们自然知道世界多数民族皆有的大洪水的传说;人们也常常会忆诵起先哲的叹惋:逝者如斯夫,不舍昼夜;人们更追慕过《道德经》里所言及的那些关于"水"的睿智的说法。

如此这般,流水或许竟是人性极深处的一个真实境界。

"随水而来/它无声无息却长驱直入",人性的诗意就这样开始在西篱的诗行里呈现。与那些"在它汹涌之峰的上部"的生活相比,它是如此"古老和孤独"。

于是,诗,犹如流水,负载着人性极深的意蕴,去向生活发出探询:"除了作为一朵花/一株自然的植物/你又还是什么呢?"这询问是如此隐晦,如此胆怯,又如此闪烁不定。

这里,自然体现了西篱诗风的一贯特征:细弱却明晰的孤独只能在隐约的询问之中表达。譬如她这样写道:"我静观它们/以我的内心/以一幕细细的雨。"

雨中的思絮必然要有一个特定的运思之处所,这就是雨之中。

于雨中才能言说雨中的情思,譬如诗集中有一条注释说:"对于自然的极度渴望,就是成为它的精灵。"就诗的任务来说,我们无法于雨外而言说雨,一种诗意表达的忧郁也是如此,所以西篱写道:"我为雨的忧郁而自囿。"

正因为这忧郁的魅力,她才呼唤人们:"请看雨/看更远一

忧郁之水和梦幻之镜
——与西篱的诗谈玄

些的雨。"

那表达准确的忧郁,难道竟是因为西篱是那一个忧郁精灵,那一幕雨中的雨?就其表达的胆怯和精巧而言,那"更远一些的雨"——她的忧郁与更深的忧郁,只能静观其流水般的诗句才可以感受得到。

此刻,静观与感受浑同不分,如水中之鱼。

流水成了感受自身,流水也就无法再言说自己了。语言预示了人生,"幻有"顺理而游出,西篱的精神指向就自然而然地转向了"幻有"——焉知她是由人性之幻有的经验而指向诗意的表达,还是因为悟觉到语言的幻化无常而衍展到人性之中去的,是经验在指使诗句,还是诗句在指使经验。其中奥秘,真正是难以解明。

但是"幻有"于诗,于经验世界,于人性,倒是很具体的——对这所有能说出、能感受到、能意识到的,也应该是有意义的一切,现在在场的只是它们的痕迹,实有的精神/人性/诗意已经在永远"延宕"着出席(德里达所说)。这就说明了流水的真实含义。

●忧郁

忧郁是一种延宕的方式,犹如流水的深处并不激荡。

忧郁延宕了什么?或者说,它关闭了什么?

西篱式的忧郁是以延迟所有她曾憧憬的东西的出现为特征的。她写道:"西西弗斯/另一个你/在尘埃中涤洗幻想的渔网。"这就是认识到,永不休止的幻想,从来也不会兑现的承诺,以及西篱所愿意承载的一切人性渴望和诱惑,都只能是一种可能性,是即将出现的,是仍在飘泊的。

所以,她坚决地说:"摆脱它们/优雅的姿态和含蓄的沉思。"

因为沉思曾使她"微笑着/进入陷阱",因为"意外的清晨"太多太多。"雨之后的你的脸/残忍而又温情",这当中种种诱惑,来自内心,来自自我的静观,它们蠢蠢欲动,"如果不摆脱它们……"一阵震颤与惊悸袭来,于是她将它们延迟了,她以返回到"水里的自由"作为一种延迟的解决。

虽然西篱多次反省了那种"岸上的惆怅",甚至很明白她常常"靠这样的幻象决定前途",但是如水的忧郁,从来就不能断然决然关闭掉那幻象的引诱,潜伏深水倾听那岸上的喧哗,那么,梦幻和憧憬就成为了延迟真相显示的最好方式。欲罢不能,从而铸成了西篱式的忧郁的梦歌。

西篱式的忧郁也是以当下实现她所有的失望为特征的,失望是唯一的真实。在忧郁里,西篱尤为自由。譬如"水里的自由"那样,她描述着"岸上的惆怅"时她也感到了自由。于是,她平静地写道:"那个字/那个含金的/你活的源泉/曾令你单薄的肩/轻轻颤抖/如今它已经/从你设置的天堂坠落。"即使是片刻时光的兑现也不可能,实现的永远是失望,所以应当理解西篱的调侃:"我是完美的女性/手执一朵殷红的花/在润湿的芳香之路上/歌唱真诚的爱/像希腊女歌手/窥视了手足情仇。"

塞壬的歌声出自女巫的魅惑,这当中既有女性永不满足的失望和幽怨,也不乏女人们攻守之间的巧智自得,可是这种种,

忧郁之水和梦幻之镜
——与西篱的诗谈玄

出自女性的忧郁宿命,其中无疑包含了一种"在毁灭与毁灭之间奔波"的失落和伤感。

不论是在水里,还是在岸上,西篱式的忧郁都是自由的,仿佛忧郁成为世间唯一的实在,其余的一切,理性、冥想、神圣、激情、优美,等等,倒变得渺茫和虚妄——"凡世间的美/都将赋予你/那些瞬时即逝的东西/亦如你的存在……"

忧郁融进了流水,西篱就此而思索起来。

●拒绝

就像忧郁延迟一切人性的期望与诱惑一样,拒绝不抛弃,也不关闭那些东西,而是用心念之力施行暴虐。此时的诗语,施者受者都将陷入巫咒的迷狂。这等诗句的制作者的危险是显而易见的,所以,拒绝在敌对情景常常首先就损伤了自己。这又与忧郁一样,是"水中的自由",是一种切身的境遇,宛如流水自身的流动与静处、奔腾与沉寂,流水自身不可言说,拒绝的施行者已是在陶然忘怀的状态之中。人性极深邃之处竟然潜藏令理想主义者们感到诧异的幽微,然而,这不就是一种"在毁灭与毁灭之间奔波"的行为?

为了实现拒绝,人性不得不需要在自我和世界两厢之中施行怨咒。怨咒并不对诗意本身有任何损失,或许,竟可以用这当中许多迷狂、放纵、颠倒、巫魅、惑乱,来实现和描述全部诗意的欢悦。

西篱式的拒绝还不是这种诗意的放纵,而是一种人生意识,

随
水而来

是她明白无误地对于失望的表达。西篱可以无怨地嘲弄世人的平平淡淡,笑看人之间无聊的"拯救"——"在目光之间架起虹桥/诱人们攀登/虚空里/他们开始互相拯救。"

《雨夜舞会》的调侃无疑是着意的反语,因为有声音告诉调侃者:"跳吧/跳吧/不要再想你的心上人/不要以为他会在哪儿独坐。"《人们那样注视我》里面充满了警惕和惊慌,担心着那一个正在酝酿的"玩笑",即使能够强施微笑以对抗那"玩笑"里的危险,可是却同时也伤害到了自己——"微笑是最纤巧的手/能把伤痕和面具一起揭开。"

对于人的拒绝,原也是对于自己的拒绝,这当中没有胜利者。于是,拒绝化为幽怨,成为伤怀不能排遣,就像西篱所写:"伤口已经冷却/疼痛成为一种准则",一种自虐心态弥漫出来,或许这就完成了忧郁?就是一种成功的自我关闭?

自我关闭的结果,是一切皆成为秘密。我还记得西篱在诗集《谁在窗外》后记中对母亲或女人发出的幽愤,那时曾经令我异常惊骇不解,而此时,她已经能够这样温和地询问:"母亲,她会不会/也成为我的秘密?"作为女人,西篱只能够自闭起女性气质,使之成为秘密,甚至成为神密,才能够在人生种种境遇之中应付裕如。

可是这是一次太过轻易的放弃,其解释又是多么的优雅和忍让。内向化,是保持自我于危机四伏之中的唯一方式,自然而然也常被处在巨大拒绝中的人们(男人和女人)所采纳。至此,一种自恋的哲学从忧郁、自虐、自闭当中得以产生,那位希腊美少年的顾影自怜得到了升华。如果说这是诗意的压抑性

忧郁之水和梦幻之镜
——与西篱的诗谈玄

实现,那么,拒绝的诗意的释放,那些迷狂、放纵、颠覆、巫魅等的诗意之欢悦,为什么就不能够成为拒绝的又一种方式呢?那华丽而野性的诗意何时才能够实现?这仍然是一个问题,用女性主义者的语言来说,这终究是女性的历史性宿命!

●空言

到现在为止,西篱拒绝了很多,可是却无法拒绝写诗,写诗成了她实施拒绝的武器。西篱以诗意来观照自己,可是往往陷入诗之"空言"的陷阱,从而根本无法逃脱那一个"拒绝"的命运。诗的"空言"本质昭然若揭,不是说诗永在延宕应当出现的出现吗?不是说诗所言说的世界终究只是镜中的世界吗?不是说诗只言说着人性的悲怆吗?

所谓"空言",自然揭示出诗意超然不仁、以语言为玩物的空性。"美是趣味",到底直率说出了诗意的无情。那么,西篱以诗意来观照自我,难道里面藏有酸辛的苦楚与无可奈何?诗或美,终究不能够是女性自觉的归宿。

西篱的诗,其实皆是梦歌,着实道出了所有梦幻的根源原来就在这"拒绝"。诗以美为其魅术,倒是可以具有除尘逐俗的作用,与弗洛伊德所说语言/咒语的除邪逐魔的作用是一样的。只是诗或美自身的魅邪,人们一时还不能够将其逐除。

诗语的空性,在西篱这里,尤其显著地以憧憬、期望、梦幻的方式表现出来,其结果不能不说是悲怆的。譬如——

优雅是空言。尽管西篱常常着迷于艺术、音乐、美丽、温柔的事物之中,就"靠这样的幻象决定前途",但是她终于不得不告诫自己要"摆脱它们"。

沉思是空言。尽管西篱追慕优雅、含蓄的思想品格和精神气质,那"水里的自由",可是这仍然不能改变她"不断重复的错误",于是,她也告诫自己——"摆脱它们"。

"这古老的画/占据全部的居处"(西篱注释:有这样一幅画,玫瑰花和卧室中的男子),然而,这却不是"人世的礼仪",不是具体可以膜拜的对象,这也只是美与欲望的幻象所化出的空言,对此只能伴以"憧憬的眼色"。

而那"穿绿衣的孩子"作为"童年温馨的回忆"浮现出来,不就是为了"抵御站台的渺茫"?回忆在这里仿佛就是为了忘却,她使温馨的珍藏显现于世,从此必将失却它。所以西篱现在已不能够像在《温柔的沉默》里那么无休止地温润在往事的回忆之中,这里,她说,"时间,我没有",这就表明了回忆的失落。但是,在"有火烧着了雪,烧着了雨"这里,在"温柔弥漫于黄昏"这里,在"在透明的水中前行"这里,西篱仍然幻想着璀璨透明的时辰,忆想着母亲与温柔的黄昏,祈告着晶莹的水中的游鱼,以及那微笑着的诗句的命定的降临。此时此刻,她"内心充满感激/幻境闪闪发光",它们"隐入巨幅窗帘",这却是她"永远安宁的梦乡"。

用不着什么分析,一如既往,西篱渴望着梦中说梦,满足了幻中说幻,从根本上她信奉梦境的实有。以镜像为实相,就如以他我为本我,诗与美的巫魅之力,就隐藏在这非真非幻的诗之空言之中。

忧郁之水和梦幻之镜
——与西篱的诗谈玄

诗与美之魅惑,确实令拒绝者生出眩晕。西篱所说的女性气质"对美的发现和维护"(西篱诗集《温柔的沉默》后记),难道竟要以女性气质的本我的湮没为代价吗?

●遭遇

奇怪的是,镜像却是自我的观照,诗语也曲折地道出心声,梦境仍为人们缔造着人性,歌唱也回荡在人的胸怀,愈是不停止地进入诗与美的空境,愈是不停止地照见自我的灵魂。人就是这样被自己缠绕着,此乃遭遇。

回到《随水而来》这首诗,西篱写道:"你在旅途/在傍晚的车窗旁/看到那即将逝去的/陌生的灯火/又作为某种证明/在远方移动。""某种证明",此时种种消融的、抛弃的、拒绝的,仿佛又都成为了"某种证明",在远处呼吁着、谛听着、观照着,从未曾真正消逝而去。拒绝了什么,就好像在证明着什么——天空证明着大地,流水证明着河岸,痛苦证明着欢乐,恐惧证明着安详,拒绝证明着温柔,空言证明着实有……

这种种证明,是这样的吗?坚决的拒绝之后,由于梦幻,或者由于诗和美,一种神秘的存在似乎已在远方等待,它已将那被拒绝的全部东西收集起来,等待着写诗的人重新收回,等待着与她的再次相遇。

如果没有这再次相遇,西篱就将永远无法真正接近诗和美,甚至连梦幻也无法接近,梦幻成真,必得有这再次相遇。所以当西篱述说那诸多幻有、倾吐那深沉的忧郁时,她紧紧地肯定了美与微笑。

如果没有这等再次相遇，西篱也将永远不能自觉到自己正在拒绝，由此而使她的自我也将遭到拒绝，所以，她自觉地，在拒绝的时候也肯定着什么——"夜晚桔红的灯下/人群聚集/前方的消息/无论正确与否/皆使善的人性得到恢复。"

无论如何，远方的，即是神秘的，在肯定着我们。因此，西篱写道："一种隐约的微笑/自黑暗的深处/再次感动我/在每一双眼睛里/我都看见了你的光辉/看见迷途的孩子/按你的指引/从那些窗下踱过/他一直往前走。"

可能是上帝式的神秘，也可能是死神式的神秘，它都是在种种拒绝之中肯定：上帝肯定着人世的否定，死神肯定着生命，如此你中有我，我中有你，这真正是奇妙而无法逃避的遭遇啊。

因此西篱希望人们这样来读那个神秘："请看雨/看更远一些的雨。"

有一种神秘的声音，像"钟声敲响乌云"，已经鸣响在西篱这部诗集的字里行间，幻有、忧郁、拒绝、梦幻、诗和美，等等，都在静待它的降临……

（张建建，文艺评论家，著有文学评论集《诗性与关怀》、人类学专著《冲傩还愿：贵州傩仪的结构分析》以及艺术评论若干）